2030年を生き抜く会社のSDGs

ビジネスと社会貢献を両立させる方法

次原悦子
サニーサイドアップグループ

青春新書
INTELLIGENCE

はじめに

SDGs（エスディージーズ）という言葉を、新聞・雑誌やテレビ、ネット記事などで頻繁《ひんぱん》に目にするようになりました。

SDGsとは、Sustainable Development Goals（持続可能な開発目標）のこと。国連加盟の193か国が2030年までの間に達成を目指す国際目標として、2015年9月に国連サミットで採択されました。この193か国の中にはもちろん、日本も入っています。

SDGsでは17個の目標（ゴール）が設定されています。たとえば「貧困をなくそう」「ジェンダー平等を実現しよう」「働きがいも経済成長も」「気候変動に具体的な対策を」など。特に説明がなくても、「社会を良くする行動指針だな」くらいは想像がつくのではないでしょうか。

では、ここで考えてみましょう。この目標を達成するのは、そしてSDGs思考が求められているのは、いったい誰なのでしょうか？

「国」でしょうか？　「政府」でしょうか？　自腹を切ってチャリティ活動を主宰できるセレブやお金持ちの起業家でしょうか？

あるいはSDGsとは、地球環境の問題にかかわるようなグローバル企業を、「牽制」したり「改心」させたりするためのものなのでしょうか？

半分はそうかもしれませんが、半分は違います。

SDGs思考が本当に求められているのは、むしろ中小企業も含めたごく普通の会社です。その業種は問いません。

もっと言えば、これからの社会では、SDGs思考を持っていない会社は生き残っていくのが難しい時代になっていくのかもしれません。


本書では、PRやコミュニケーションの視点でSDGsの基本を解説しながら、なぜSDGs思考のない会社は生き残れないのかという理由や、中小企業が普段の業務の中でSDGsを取り入れるためのヒント、SDGsへの取り組みをPRする方法などを、私たちサニーサイドアップの経験談や感じたことを交えて、お話しさせてもらいたいと思います。

ＳＤＧｓの目標を一瞥《いちべつ》された読者の中には、「企業イメージアップのための社会貢献活動をしたくても、うちにはそんなことをしているお金も時間もないし、関係ないな」と思われた方もいらっしゃるかもしれませんね。

私（次原）自身も、サニーサイドアップを１９８５年に17歳で立ち上げて以降、とにかく生きることに精一杯で、どちらかといえば、お金を稼ぐことに必死な人間でした。ですが、あることがきっかけで意識が変わっていきました（それは第２章でお話しします）。

そして今、肌で感じているのは、やはり今後、ＳＤＧｓに取り組んでいない企業は確実にビジネスチャンスが減るだろう、ということです。企業イメージが下がることはもちろん、世の中から必要とされなくなる怖れすらあります。これは大きな問題です。

自己紹介が遅れました。私たちサニーサイドアップはＰＲ会社です。企業や団体、あるいは個人の、「売りたい商品やサービス」「知ってもらいたいイベントや店舗」「その会社や個人自身の魅力」を、彼らに代わって広報するのが仕事です。つまり、その人が世間にぜひ広めたい「モノ・コト・ヒト」を、イベントや発表会を行ったり、ニュースとしてメディアに取り上げてもらったり、ＳＮＳやさまざまな発信をしたりして、そのお手伝いをすることを本業としています。

私たちはまた、アスリートやアーティストなど、さまざまな才能のある方々のマネジメントやブランディング、ＰＲ業務も行っています。ただ、マネジメント業務と言っても、芸能プロダクションではありませんから、私たちは、彼らの本業（競技や創作活動など）にかかわることはほぼありません。

それよりも彼らの「価値」を、本人の想いもふまえて、もっと大きな「存在価値」へ高めていく。短い選手生命の間に、経済面でより多くのものを残すというだけでなく、彼らが発するメッセージや行動が、社会を動かすメッセージにつながったり、引退後も社会で輝く存在であり続けたりするための、お手伝いを行っているのです。

つまり、ヒトにせよ、モノにせよ、「もっとも理想的な形にして世の中に伝え、ムーブメントを作ること」を得意としています。

ＰＲが「ＳＤＧｓ」と、いったい何の関係があるのか？　じつは、大いに関係があります。

なぜなら今、日本の企業によるSDGsの取り組みには、「伝える」という適切なPRが足りていないから。これについて詳しくは、本書の第6章でお話しさせてください。

なぜ一介のPR会社が、SDGsについて本1冊分も使って語ろうとするのか、疑問に思われるかもしれませんね。

じつは私たちは、SDGsが国連で採択されるずっと前から、「ソーシャルグッド」という考え方を会社の基盤としてきました。「ソーシャルグッド」とは、自然環境や社会に対して、良い（グッドな）インパクトを与える活動のこと。利益を追求するビジネスであっても、極力「世の中に良い」とされていることをしたい。そんな価値観のことです。

その最初の活動になったのが、2005年に私たちが日本で仕掛けた「ホワイトバンドプロジェクト」でした。これは第2章で詳しく説明しますが、白いシリコン製のリストバンドを身につけることによって、世界の貧困問題について人々の意識を喚起し、啓発を推進するというものです。

「ホワイトバンドプロジェクト」を日本で展開している2005年頃、SDGsという言葉はもちろんまだ存在していませんでしたが、国連による「MDGs（エムディージーズ、Millennium Development Goals／ミレニアム開発目標）」というものがありました。

2000年（ミレニアム）に採択されたMDGsの目標には、貧困や飢餓の撲滅、女性の地位向上などが盛り込まれており、まさに「SDGsの前身」とも言えるものでした。

そのMDGsの達成のための運動の一つが、「ホワイトバンドプロジェクト」だったのです。


SDGsの前身である「MDGs」の頃からその取り組みに身を投じ、「ソーシャルグッド」を旗印《はたじるし》に長い間、社会的な活動を続けてきた私たちは、ちょっとだけ早く、SDGsの目標にも積極的に取り組んできました。


今回、出版社の方に、「地球や社会のさまざまな問題とその解決目標が、整理され、明文化されたものがSDGsですが、サニーサイドアップさんが15年以上、ソーシャルグッドの活動として取り組んできたことはまさに、今回のSDGsの目標に当てはまる活動ばかりですよね？」と言われました。

我々にそのようなおこがましい気持ちは毛頭ありません。でも、ホワイトバンドキャンペーンの2005年からもう15年以上の歳月が過ぎ、世の中の意識もだいぶ変わってきた今、私たちがやってきたことをお伝えすることで、何かしら役に立つヒントがあるのかなと思い、出版を決めました。

私たちは2019年3月、「SSU's Social Action 3.2 for SDGs」というプロジェクトを自社内に発足しました。「SSU」とは〝サニーサイドアップ〟の頭文字、「Social Action（ソーシャルアクション）」とは、社会の困りごとを解決すべく世論に働きかけるような活動のこと。今まで行ってきた活動方針に「SDGs」というラベルを貼ったただけと言えば貼っただけですが、自社主導で推進するプロジェクトだけでなく、SDGsに取り組む他の企業や団体・プロジェクトのPR支援も積極的にサポートしようという決意の表れです。

本書では、第1章でSDGsの基本知識を、第2章でSDGsにつながる「ソーシャルグッド」の基本的な考え方を、第3章では企業がSDGsに取り組まなければならない理由をお話しします。

第4章では、サニーサイドアップが過去に取り組んできた、SDGsと親和性の高い事例や社内での取り組みを紹介。第5章では、中小企業がSDGsを取り入れるためのヒントをQ＆A形式を交えてお答えします。

最後の第6章では、消費者や投資家に、会社のSDGsの取り組みをアピールする方法を、サニーサイドアップのPR術と掛け合わせることでご紹介します。

私たちの経験と知見が、「会社としてSDGsにどう取り組んでいいかわからない」とお困りの方々にとって、少しでもお役に立てることを願って。

2030年を生き抜く会社のSDGs

目次

はじめに　3

第1章

これからを生きる人・会社のための「SDGs超入門」

国や政府でなく、民間企業にこそ課せられた課題　22

SDGsの「17の目標」を、総ざらいしよう　24

目標1「貧困をなくそう」／目標2「飢餓をゼロに」／目標3「すべての人に健康と福祉を」／目標4「質の高い教育をみんなに」／目標5「ジェンダー平等を実現しよう」／目標6「安全な水とトイレを世界中に」／目標7「エネルギーをみんなに、そしてクリーンに」／目標8「働きがいも経済成長も」／目標9「産業と技術革新の基盤をつくろう」／目標10「人や国の不平等をなくそう」／目標11「住み続けられるまちづくりを」／目標12「つくる責任、つかう責任」／目標13「気候変動に具体的な対策を」／目標14「海の豊かさを守ろう」／目標15「陸の豊かさも守ろう」／目標16「平和と公正をすべての人に」／目標17「パートナーシップで目標を達成しよう」

目標達成のためには「5つの主要原則」がある 34
人類が生きのびるためには「持続可能な開発」が必要 36
超大国のアメリカと中国が、SDGsに消極的な理由 40
日本ではSDGsへの取り組みがまだまだ遅れている 43

第2章

貧困、差別、環境問題…もう他人事ではすまされない

きっかけは、郊外の児童養護施設を訪れた日のこと 48
ただ純粋に、「この子をほっとけない」と思った 50
貧困と差別が生んだ悲劇 54
マネジメント業務も「ほっとけない」の精神で 56
ホワイトバンド運動の動画を見て受けた衝撃 58
280億円のチャリティ金は、1週間分の利息に消える 60
SDGsの前身、「MDGs(ミレニアム開発目標)」とは 61
中田英寿への国連CMの依頼を断ってしまった後悔 63

ホワイトバンド運動は、約11兆円分の効果を生んだ　65
「アドボカシー（政策提言）」と「啓発」こそ、世界を救う　67
安く作ればいいってものではない！「フェアトレード」　69
「寄付金じゃないの？」と、大バッシングされる　71
「社会に良いこと」＝「自分の身をすべて削って奉仕すること」ではない　73
「啓発」こそが、人々の意識を変えていく　76
前澤友作さんの「毎週お金贈り」が与えたきっかけ　79

第**3**章

未来を見すえた企業が、「SDGs」にシフトしている理由とは？

儲けるだけではすまされない。新しい時代の企業の使命　84
国や政府や経営者を動かすのは、一人ひとりが集まった「世論」　86
アゼルバイジャンの「充電と血液のおすそ分けプロジェクト」　88
自動車メーカーが作った「ユニークな信号機」が交通事故を減らす　91
SDGsは、年間12兆ドルの経済効果、3億8000万人の雇用創出　93

「時代の風」に対応できない会社は、ビジネスチャンスを逃す 97
ジェンダー平等を実現する「フェムテック」の市場が、急拡大 100
世界中の投資家も「社会的にちゃんとしている企業か」で判断 102
社会的な価値の高い会社かどうか格付けする「ESGスコア」 104
SDGsは、小回りのきく中小企業のほうが取り組みやすい 106
意識の高い人材ほど、SDGsへの取り組みを見て会社を選ぶ 110
高級品なんかより、サステナブルに生きたい若者たち 112
「成長」フェーズから「成熟」フェーズへと、時代はシフトした 114

第4章 「SDGs」以前から取り組んできた「ソーシャルグッド」活動

サニーサイドアップは、ビジネスと社会活動をどう両立させたか 118
年賀状を買うことで、地球温暖化が防げる仕組みを作る 118
サッカー観戦帰りに社会貢献。「なにかできること、ひとつ。」運動 121
被災地ボランティアをすると有名ミュージシャンのライブが見られる仕組み 124

セクシュアル・マイノリティの人権を尊重するためのPR活動 128
福利厚生で「卵子凍結補助」「妊娠・出産に関する勉強会」 131
毎年3月8日は「女性の日」。働く女性たちを応援する活動 133
失恋休暇、恋愛勝負休暇…「楽しく働くための32の制度」を社内に設置 135
小さなことからでも、まずは実行してみる！ 試行錯誤を恐れないのがコツ 139

第5章

ビジネスと両立させる「小さな仕掛け」と「実践アイデア」

世界を変えるイノベーションも、周囲50センチの「革命」から 142
ペーパーレスや紙コップ撤廃だって、立派なSDGs 144
カンボジアでの養殖事業で、SDGsを達成した福井県の企業 146
SDGsの17目標すべてを達成した、石川県の農事組合法人 148
SDGsの取り組みは「PDCAサイクル」で考えてみる 149
SDGsアイコンの18個目の色は〝白〟。あなた自身が塗ろう 154
サニーサイドアップが考える、中小企業のための「SDGs一問一答」 155

ＳＤＧｓを始めるとっかかりは、「なんだか、かっこいいから」だっていい　164

第6章

伝え方が9割！ＳＤＧｓ活動を上手にＰＲする方法

ＳＤＧｓの社内取り組みの仕上げは、「ＰＲ」すること　168
「広告」と「ＰＲ」との関係は、「寄付」と「啓発」とに似ている　169
真面目な活動を、「おもしろがってもらうこと」が大切　171
「待機児童問題」は改善しているのに、ＰＲ不足で損している　173
「関心を持ってもらう」には、少し頭をひねる　175
「自社の強み」は内部の人間には見えない。「第三者」から教えてもらおう　176
ふつうのことでも、言い方を変えるだけで、一気に注目を浴びる　178
金融業界の「女性差別」を打ち破った、すごいＰＲとは　180
「無関心な人に関心を持たせる」ためには、工夫がいる　183
自社の商品だけでなく、ジャンル全体を盛り上げるべし　185
ほかの会社と一緒に取り組むと、報道されやすい　188

みんなで一緒に取り組んで、みんなで一緒に利益を得る　190

おわりに　192

【巻末付録】2030年までを年限とする
SDGs「17の目標」と「169のターゲット」　202

編集協力／稲田豊史
企画協力／松田祐子
本文DTP／センターメディア

第1章

これからを生きる人・会社のための「SDGs超入門」

GOALS
4 質の高い教育をみんなに
5 ジェンダー平等を実現しよう
6 安全な水とトイレを世界中に
10 人や国の不平等をなくそう
11 住み続けられるまちづくりを
12 つくる責任つかう責任
16 平和と公正をすべての人に
17 パートナーシップで目標を達成しよう

SUSTAINABLE
DEVELOPMENT
1 貧困を なくそう
2 飢餓を ゼロに
3 すべての人に 健康と福祉を
7 エネルギーをみんなに そしてクリーンに
8 働きがいも 経済成長も
9 産業と技術革新の 基盤をつくろう
13 気候変動に 具体的な対策を
14 海の豊かさを 守ろう
15 陸の豊かさも 守ろう

国や政府でなく、民間企業にこそ課せられた課題

ＳＤＧｓ（Sustainable Development Goals／持続可能な開発目標）は２０１５年9月、国連サミットで採択された17の国際目標（ゴール）です。国際目標というからには、国ごとの政治体制や法律の枠組みを超え、加盟国すべてが目標達成のための尽力が課せられている、と考えて差し支えありません。

ＳＤＧｓの目標の重要なポイントは、「多様性と包摂性のある社会の実現」です。

「多様性」とは、昨今では「ダイバーシティ（diversity）」という言葉にも置き換えられますが、辞書的な意味は「幅広く性質の異なる群（同じ性質を持つ集団）が存在すること」。

もちろん、ただ「存在する」だけではダメで、彼らに等しく権利が保障されていなければなりません。どんな人でも胸を張ってこの社会に存在していいですよ、という状態です。

「包摂性」とは、「インクルージョン（inclusion）」という言葉で、こちらも昨今よく語られるようになりました。「包」という漢字が含まれていることからも分かるように、包み込むという意味。「包摂性がある」とは、どんな人も排除されない状態を指します。

つまり「多様性と包摂性のある社会」とは、人種や民族や性別、思想や宗教、文化や習

慣がどうであれ、住んでいる国や地域がどこであれ、人間としてまっとうに生きられて、不当に差別されたり虐げられたりすることのない、あらゆる機会が平等に与えられた社会のことなのです。

しかし、ちょっと待ってください。

よりよい社会を実現することに異論のある人はいないと思いますが、なぜそれが「開発」という、きわめて実業的な観点からのアプローチである必要があるのでしょうか。「よりよい社会の実現」は、チャリティや人権運動、あるいは政治家の領分、という気がしないでもありません。

もちろんチャリティや人権運動、政治も大事です。しかし、個人の善意や熱意で成り立っているチャリティや人権活動には、その効力に限界がありますし（第2章でご説明します）、国家や社会が、「政治と経済」を両輪として運営されている以上、経済行為が含まれる実業的なアプローチなくして、政治は動きません。

実業すなわち経済的活動を担っているのは民間企業であり、そこで働く私たち一人ひとり。つまりSDGsとは、特定の環境保護団体や人権団体、あるいは志ある国会議員や政府の偉い人たちだけが取り組めばいい、という性質のものではないのです。

SDGsの「17の目標」を、総ざらいしよう

ＳＤＧｓの共通理念は「誰一人、取り残さない」です。

その理念のもと、２０３０年までを年限とする「17の目標」、達成のための「１６９のターゲット」、さらに「２３２の指標」が決められました。ここでは「17の目標」をざっと見ていきましょう。

※目標とターゲットについては、外務省「持続可能な開発のための２０３０アジェンダ 仮訳」に準じています。現状については、国連本部のウェブページに掲載の「17の目標ごとの事実と数字（Facts and Figures）」を、国際連合広報センターが日本語訳し、２０１８年12月に公表したものを参考にしました。

※ターゲットについて詳しくは、巻末の付録（Ｐ２０２～）に収録しています

目標1 「貧困をなくそう」

あらゆる場所のあらゆる形態の貧困を終わらせる

1日1ドル90セント未満という極度の貧困状態で暮らす人々の数は、世界で7億8300万人もいます。SDGsは2030年までに極度の貧困（1日1・25ドル未満の生活レベル）をあらゆる場所で終わらせることを目標に設定しました。貧困は経済成長の鈍化だけでなく、社会的一体性が損なわれることから、その国の政治的緊張を高めます。紛争の原因にもなりかねません。

目標2 「飢餓をゼロに」

飢餓を終わらせ、食料安全保障及び栄養改善を実現し、持続可能な農業を促進する

世界人口の9人に1人（8億1500万人）が栄養不良に陥っているほか、発展途上国では6600万人の子どもたちが空腹のまま学校に通っています。もっともひどい南アジアでは、約2億8100万人が栄養不良状態。飢餓がゼロになれば社会開発に好影響を与えられるでしょう。

目標3「すべての人に健康と福祉を」

あらゆる年齢のすべての人々の健康的な生活を確保し、福祉を促進する

毎年５００万人以上の子どもたちが５歳の誕生日を迎える前に死亡しています。また、エイズが人類の間に蔓延してから今までの間に、累計３５４０万人もの人が死亡しました。健康と福祉を得られることは、人間が持ちうるべきもっとも基本的な人権です。

目標4「質の高い教育をみんなに」

すべての人々への包摂的かつ公正な質の高い教育を提供し、生涯学習の機会を促進する

世界で５７００万人もの子どもたちが学校に通えないでいます。さらに、全世界で６億１７００万人の若者が文字を読んだり書いたりすることができません。質の高い教育は貧困の連鎖を断ち切り、ジェンダー平等の達成にも寄与します。

目標５「ジェンダー平等を実現しよう」

ジェンダー平等を達成し、すべての女性及び女児の能力強化を行う

ジェンダーとは、生物学的な性別ではなく、社会的に規定された性、男性と女性の役割の違いによって生まれる性別のこと。全世界では７億５０００万人の女性が18歳未満で結婚し、18か国では妻が働くことを夫が合法的に禁止できます。女性の権利が男性に比べて大きく制限されている国は少なくありません。もし女児向けの教育に投資して結婚年齢を引き上げられれば、投資１ドルに対して５ドルが戻るという試算があります。ジェンダー平等は、貧困の削減をはじめ経済的にも大きく社会のプラスになるのです。

目標６「安全な水とトイレを世界中に」

すべての人々の水と衛生の利用可能性と持続可能な管理を確保する

世界の10人に３人は安全な水を飲める環境にありません。また世界では９億人近くが屋外で排泄《はいせつ》しており、非常に不衛生な状態にあるほか、毎日１０００人近い子どもたちが衛

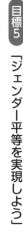

生関連の下痢症で亡くなっています。

目標7「エネルギーをみんなに、そしてクリーンに」

すべての人々の、安価かつ信頼できる持続可能な近代的エネルギーへのアクセスを確保する

世界で13%の人は、まだ現代的な電力を使えていません。30億人がいまだに薪、石炭、木炭、動物の排泄物を料理や暖房に使っています。もし世界中のエネルギーシステムを現代的にアップデートし、再生可能エネルギーの割合を増大できれば、ビジネス、医療、教育、農業、通信などあらゆる部門で経済発展が実現できるでしょう。

目標8「働きがいも経済成長も」

包摂的かつ持続可能な経済成長及びすべての人々の完全かつ生産的な雇用と働きがいのある人間らしい雇用（ディーセント・ワーク）を促進する

仕事についていても生活するのに十分な稼ぎを得られていない人が、世界には7億8300万人もおり、男女の賃金格差や就労格差も深刻です。これらが改善されれば社会不安

がなくなり、人々の生産性は上がり、国が経済的成長を遂げるでしょう。SDGsは後発開発途上国の経済成長率を少なくとも7%に保つことを目標としています。

目標9 「産業と技術革新の基盤をつくろう」

強靭（レジリエント）なインフラ構築、包摂的かつ持続可能な産業化の促進及びイノベーションの推進を図る

世界人口の16%は携帯ブロードバンド・ネットワークにアクセスできていません。道路・衛生施設・電力・水道といった基礎インフラについても、多くの開発途上国で未整備です。産業のイノベーションが進み、インフラが整備されれば、貧困問題や教育問題の多くも解決が見込めるでしょう。

目標10 「人や国の不平等をなくそう」

各国内及び各国間の不平等を是正する

SDGsは2030年までに、各国の所得下位40%の人たちの所得成長率について、そ

の国の国内平均を上回る数値を達成するという目標を立てました。加えて、年齢・性別・障害・人種・民族・出自・宗教・経済的地位にかかわりなく、すべての人々の能力強化を促進するとしています。

目標11 「住み続けられるまちづくりを」

包摂的で安全かつ強靭（レジリエント）で持続可能な都市及び人間居住を実現する

世界には、スラム（都市部で極貧層が居住する過密化した地区）に住む人が8億8300万人もいて、増加の一途をたどっています。また、大気汚染による健康被害も無視できません。都市居住環境の改善は急務なのです。

目標12 「つくる責任、つかう責任」

持続可能な生産消費形態を確保する

毎年生産される食料全体の3分の1（13億トン、約1兆ドル相当）が腐ったり傷んだりしています。今後ますます地球の人口が増え、天然資源に対する需要が増加すれば、今のような生活様式は必ず破綻するでしょう。２０５０年までに人口が96億人に達した場合、現在の生活様式を維持するには地球が３つ必要になりかねない――という試算もあります。

目標13 「気候変動に具体的な対策を」

気候変動及びその影響を軽減するための緊急対策を講じる

二酸化炭素排出量は１９９０年以来50％も増大、平均気温の上昇、海水温の上昇にともなって雪や氷が溶け、海水面も上昇を続けています。気候変動が悪化すれば生態系にも大きな悪影響を及ぼすでしょう。また、食料・水不足が深刻化すれば国家間で紛争が勃発します。

目標14 「海の豊かさを守ろう」

持続可能な開発のために海洋・海洋資源を保全し、持続可能な形で利用する

世界の海に流れ込むゴミ問題は深刻化の一途をたどっています。ずさんな海洋管理による漁業部門における経済的損失は、年間５００億米ドルに上ると見られています。ＳＤＧｓではあらゆる種類の海洋汚染防止を掲げています。

目標15 「陸の豊かさも守ろう」

陸域生態系の保護、回復、持続可能な利用の推進、持続可能な森林の経営、砂漠化への対処、ならびに土地の劣化の阻止・回復及び生物多様性の損失を阻止する

２０１０年から２０１５年にかけて、世界中で３３０万ヘクタールの森林が失われました。また、干ばつと砂漠化によって１２００万ヘクタール（日本の国土の約３分の１の面積）の土地が失われています。生態系の混乱によって絶滅の危機にさらされている動物も少なくありません。土地の劣化がこのまま進めば、農作物の収量が減って経済的損失を被るほか、淡水の水質低下や炭素排出量の増大も招きます。

目標16 「平和と公正をすべての人に」

持続可能な開発のための平和で包摂的な社会を促進し、すべての人々に司法へのアクセスを提供し、あらゆるレベルにおいて効果的で説明責任のある包摂的な制度を構築する

国の機関である司法や警察が腐敗している国があります。警察や軍による暴力的拷問、贈収賄や横領もはびこっています。どんな人も安心して生活を送れるような社会を実現するには、そのようなものを根絶しなければなりません。

目標17 「パートナーシップで目標を達成しよう」

持続可能な開発のための実施手段を強化し、グローバル・パートナーシップを活性化する

開発途上国への国際的な支援（ＯＤＡ／政府開発援助）は強化される必要があります。要は、国家間の助け合い、手の差し伸べ合い。ＳＤＧｓの普遍性、「誰一人取り残さない」の行動規範は、この目標に集約されています。

この17項目を読んで、何を感じましたか？　私は初めて読んだとき、「ストン」と落ちました。数えたらキリがない世の中の問題が、17項目に言語化されていて、PR・広告の視点から見てうまいなと思いました。掲げられた目標は壮大です。しかし気圧《けお》される必要はありません。まずは、「ふむふむ、たしかに一理ある」という感覚で頭に残れば、それでいいのだと思います。

目標達成のためには「5つの主要原則」がある

内閣に設置された「持続可能な開発目標（SDGs）推進本部」によれば、〈17の目標〉を実施するための原則として、以下の「5つの主要原則」を挙げています（首相官邸ウェブページ「持続可能な開発目標（SDGs）実施指針」〈令和元年改定版〉より）。

1つ目は、**【普遍性】**です。

先進国を含めて国連加盟のすべての国が行動する。例外はありません。参加しなくてもいい国はなく、国内実施と国際協力を両面で推し進めなければなりません。

2つ目は、**【包摂性】**です。

先ほどもご説明しましたが、これは人間の安全保障の理念を反映しています。つまり「誰一人、取り残さない」ということです。

3つ目は、**【参画型】**であるということ。

すべてのステークホルダー（利害関係を有する者という意味。消費者、従業員、株主、債権者、仕入先、得意先、地域社会、行政機関など）に役割が課せられます。「我関《われかん》せず」は許されません。

4つ目は、**【統合性】**。

社会・経済・環境について、どれかだけでなく、3つとも統合的に取り組むということです。これは次項でくわしく説明しましょう。

そして5つ目は、**【透明性と説明責任】**。

取り組み状況や進捗を定期的に評価、みんなに共有し、フォローアップすることで「着手しっぱなし」にしない。達成度を常に見すえながら、足りてなければ次策を打っていくことが求められます。

人類が生きのびるためには「持続可能な開発」が必要

「SDGsの大枠の目指すところはわかった。だけどそもそも、〝持続可能な開発〟という言い回しにピンと来ない」という方もいらっしゃると思います。

国連では「持続可能な開発」を、

将来の世代のニーズに応える能力を損ねることなく、現在の世代のニーズを満たす開発のこと

と定義しました。

これだけではわかりにくいので、例を挙げましょう。

たとえば電力です。現在、地球に住む人たちの生活レベルを維持するためには膨大な電力が必要ですよね。そのために原子力発電の必要性を唱える人もいますが、ひとたび重大な事故が起これば尋常でない被害となり、負の遺産としてその処理に私たちの子どもや孫が〝尻拭《しりぬぐ》い〟を引き受けなければなりません。

一方、従来型の火力発電に頼る方法もありますが、枯渇が心配されている化石燃料（石油、石炭、天然ガス）を大量に使用するため、将来の世代が困ってしまうかもしれません。

「今が良ければいい」という理屈だけで、経済開発をしてはいけない。

それが「持続可能な開発」の真意です。

そしてその達成には、以下の3つを「バランスよく」達成することが必要になってきます。

①社会的包摂…社会的弱者を置き去りにすることなく、一人ひとりの人権を尊重する
②経済開発　…経済活動によって富や価値を生み出す
③環境保護　…環境を守る

つまり、さきほど挙げた「5つの主要原則」のうち、【統合性】の考え方が、とても大切になってくるのです。

「でもこれ、相当難易度が高いんじゃないの？」と思われた方、正解です。

たとえば、企業が限界まで利益を追求（「②経済開発」）すれば、発展途上国に建てた工場の工員賃金を極限まで削ろうとするでしょう。つまり「①社会的包摂」の達成が難しくなります。

また、「③環境保護」のために有毒物質を出さないための設備投資をすれば、利益率は下げざるを得ませんから、「②経済開発」をとことん追求できません。

つまり、さきほどの①②③は、「あちらを立てれば、こちらが立たず」といったような、トレードオフの関係に陥りがちなのです。

しかし、それでも私たちには、この3つを同時に追い求め、同時に、成り立たせる義務があります。

この視点で見ると、２０３０年までに目標が達成できなかった場合、私たちの世界は一体どうなってしまうでしょうか？

もし、目標が達成できなかったら…？

①社会面：貧困と教育機会の不平等は拡大、差別が社会不安を生み、すべてが紛争（内戦）や戦争の元凶となるでしょう。

②経済面：経済危機に陥れば、社会福祉の財源が不足し、失業率が高まり、貧困はさらに拡大するでしょう。

③環境面：地球温暖化が進み、水不足やエネルギー問題が深刻化。自然災害が増加して、穏やかな暮らしは望めなくなります。

端的に言って、世界がもう立ち行かなくなります。その立ち行かなくなった世界で生きるはめになるのは、誰あろう私たちの子どもや孫たち、つまり将来の世代です。

将来の世代の人生を苦痛に満ちたものにする権利など、私たちにはありません。

無理難題だと思いますか？　そんなことはありません。私たち人類の技術力やアイデアを総動員すれば、必ずや達成できるはずだと私は信じています。

超大国のアメリカと中国が、SDGsに消極的な理由

SDGsの17の目標は、普通の会社が普段の企業活動の中で心がけることで、いかようにも取り組めるものだと思います。外務省のウェブページには日本国内企業の多くの取り組み事例がリンクとしてまとまっていますし、サニーサイドアップがウェブで運営している「SDGs MAGAZINE」にも、ニュース形式でたくさんの事例を日々掲載しているのでお時間のあるときにでもチェックしてみてください。

「JAPAN SDGs Action Platform」の取り組み事例（外務省のウェブページ）
https://www.mofa.go.jp/mofaj/gaiko/oda/sdgs/case/

「SDGs MAGAZINE」（サニーサイドアップ運営のウェブページ）
https://sdgsmagazine.jp/category/

さて、ここで日本を含めた「世界の国別SDGs達成状況」を見てみましょう。次のページの「SDGs達成度ランキング（2020年度）」をご覧ください。

SDGs達成度ランキング(2020年度)

順位	国	順位	国
1位	スウェーデン(84.72)	17位	**日本(79.17)**
2位	デンマーク(84.56)	18位	ベラルーシ(78.76)
3位	フィンランド(83.77)	19位	クロアチア(78.40)
4位	フランス(81.13)	20位	韓国(78.34)
5位	ドイツ(80.77)		…
6位	ノルウェー(80.76)	31位	アメリカ(76.43)
7位	オーストリア(80.70)		…
8位	チェコ共和国(80.58)	48位	中国(73.89)
9位	オランダ(80.37)		…
10位	エストニア(80.06)	160位	ナイジェリア(49.28)
11位	ベルギー(79.96)	161位	マダガスカル(49.14)
12位	スロベニア(79.80)	162位	リベリア(47.12)
13位	イギリス(79.79)	163位	ソマリア(46.21)
14位	アイルランド(79.38)	164位	チャド(43.75)
15位	スイス(79.35)	165位	南スーダン(43.66)
16位	ニュージーランド(79.20)	166位	中央アフリカ共和国(38.54)

出典：Sustainable Development Report 2020(ベルテルスマン財団、持続可能な開発ソリューション・ネットワーク〈SDSN〉)

日本は17位です。全体順位としては比較的上位ですが、北欧諸国の貢献度には及びません。むしろ先進国としては、まだまだ取り組みが足りてないと考えるべきでしょう。

上位には北欧・西欧諸国が目立つ一方、世界的な消費大国であるアメリカや中国は、あまり高い達成度とは言えません。自国の経済成長を優先とする両国の方針が垣間見えますね。

数年前の話ですが、私が経団連「米国投資家との対話」のミッションでアメリカに行き、そこで感じたのは、アメリカの東海岸（ニューヨークなど）では誰もがESG投資は口にしますが、SDGsの認知度がほとんどなかったということです。ロサンゼルスなどの西海岸では、もう少しSDGsの認知度も高いようです。

ヨーロッパに比べてアメリカは、どちらかと言うとSDGsに積極的ではないようです。理由は、他国の貧困のような話になってくると都合が悪くなる企業が多いからなのかもしれません。SDGsの推進が自社の利益に真っ向から反してしまうのです。

エコ（環境問題）や新エネルギーに対する意識は、どのアメリカ企業も本当に高いのですが、SDGsとなるとやや消極的。アメリカという国の真実を見た気もしました。

このような経済大国の達成度が滞っているだけあって、世界全体がSDGsの目標を達成するには、まだまだ努力が必要なのが現状です。

日本ではSDGsへの取り組みがまだまだ遅れている

日本能率協会が2020年10月に発表した「日本企業の経営課題2020」の調査結果によれば、約9割の企業経営者がSDGsについて「知っている」と答え、2019年からは11ポイントも増加しました。また、「SDGsにかかわる取り組みをしている」企業も6割を超えたそうです。

この数字だけを見れば、日本でもさぞかしSDGsは推進されているのだろうという印象を持たれるかもしれません。

しかし、私たちがSDGsに取り組んだり海外との業務を行ったりするなかで、はっきり感じるのは、日本は欧州諸国に比べて、SDGsを内包するようなソーシャルアクション（社会の困りごとを解決すべく世論に働きかけるような活動）に対する意識がとても低いということです。海外のアパレルブランドや海外のエージェンシー（代理店）は、それこそSDGsへの取り組みに関して、いち早く情報をキャッチして自社のビジネスに取り込み、積極的に発信しますが、日本では数年遅れている印象です。

その理由の一つに、報道の問題があると思います。

日本のマスメディアは世界の問題をあまり報道しません。ましてや「地球の問題」が、通常のニュースでしっかり報道されるのは、まれです。誰と誰が不倫したなんてことが繰り返し大きく報道されても、国際問題や地球のニュースは、本当に、悲しいほど小さくしか報道されません。

結果、国民の間で問題意識が喚起されず、SDGsへの取り組みが遅れているのです。PR会社という、少なからず報道に深いかかわりがある身としての自責の念も込めて、報道の責任は大きいと思いますし、この点には大きな違和感があります。

もう一つ、私が思うのは、このインターネット時代、みんなが自分の好きなニュースしか読まなくてよい状態になってしまったことです。興味のあるニュースの見出しだけをクリックし続ければ、興味のないニュースは一切読まなくて済みます。

また、AIの進化によって、ユーザーごとに興味・関心のあることが細かく分析されているため、そのユーザーのスマホには、そのユーザーにとって興味・関心のあるニュースしか最初から表示されなかったりもします。

私たちは、ものすごい情報の嵐をいつも浴びているようで、じつは偏った情報しか受け取っていません。みんな、「読むべきもの」ではなく「読みたいもの」しか読んでいないのです。

そうやって、世界の、地球の大問題について知る機会が奪われています。知らないから人々は行動しない。それが今の日本の状況です。

でも、世の中には、ちょっと耳打ちするだけで「えーっ、言ってくれたらやったのに！」という人たちがとても多いのです。

人は「知る」ことによって動く。

まずは知ること、そして知らせること。SDGsはそこからはじまります。なにより私自身が、「知る」ことで行動を起こした張本人なのですから。

第2章

貧困、差別、環境問題…もう他人事ではすまされない

きっかけは、郊外の児童養護施設を訪れた日のこと

ありがたいことに、周辺の方々から、「サニーサイドアップさんは、ソーシャルグッドな会社ですね」とか、「ソーシャルアクションに積極的な会社ですよね」など、おっしゃっていただくことがあります。

ただ、私たちは最初からそういう気持ちでサニーサイドアップをスタートしたわけではありません。「会社として社会貢献とか、社会のために何ができるのだろう」なんて思い始めたのは、じつは創立からずっと後の話でした。

最初のきっかけは、私の個人的な、「ほっとけない」という気持ちでした。しばし、私の思い出話にお付き合いください。

1992年、会社設立7年目の冬。25歳の私は、東京の郊外にある児童養護施設を訪れました。アメリカで活躍するスチュワート・マスコウィッツさんという絵画アーティストの来日にあたって、彼のプロモーションを担当していた私は、児童養護施設の子どもたちの前で、彼が実際に絵画制作する模様を、マスコミにニュースとして取り上げてもらおう

と企画していました。

施設の園長先生は、有名なアーティストが来園し、パフォーマンスを行うことを「子どもたちも喜びます」と喜んでくれました。しかし、そこにメディアを入れたいという私の言葉を聞いて、顔色が変わりました。そして、静かに厳しく言いました。

「この施設には、育児放棄されたり虐待されたりしてきた子どもたちが多くいるのです。複雑な事情を抱えている子どもたちを、テレビカメラの前にさらすことはできません。お断りします」

その通りです。私はそんな提案をした自分の浅はかさを恥じました。

この話はなかったことに、と言われましたが、マスコウィッツさんは「PRなんてどうでもいいから、ぜひ訪問させていただきたい」と、私を叱りながらそう言ってくれました。

そして訪問は実現します。大喝采で喜ぶ子どもたち。私はその子たちの顔を見て、いてもたってもいられない気持ちになりました。

私はそれ以来、休みがあるごとにその施設を訪れるようになりました。

あるとき、園長先生から「ある子のホストファミリーになりませんか」と相談されました。ホストファミリーとは、休日や長期休みなどを利用して施設の子どもを預かる制度のこと。あたたかい家庭を知らずに育った子どもたちにとっては貴重な「家庭生活」を味わうことができるもので、子どもたちの成長にとてもいい影響を与えるのだと、先生は説明してくれました。

その子は、ナオミチという名の、4歳の男の子でした。

当時のナオミチは暴れ者で集団行動が苦手、家族の面会も一切なく、常に硬い表情をしている気難しい子でした。

ナオミチは、戸籍のない子どもでした。

父親は青森から東京に出稼ぎに来ていた50歳くらいの季節労働者というだけは分かっていました。母親は当時フィリピンから日本に働きに来ていた女性で、生後1か月半で乳児院に保護されて以降、母親とは音信不通になったそうです。

ただ純粋に、「この子をほっとけない」と思った

ナオミチは脊椎《せきつい》に軽い障害を抱えており、排泄がうまくできなくて、いつもおもらしをしていました。また、いつもどこかにらんでいるような表情をするものですから、施設内

でほかの子どもたちとの交流もうまくいっていませんでした。

最初、ナオミチは私が声をかけると威嚇《いかく》するような警戒心をむき出しにしていましたが、徐々に慣れてくると、私が施設に行く度になついてくれるようになりました。

そして私はナオミチのホストファミリーを引き受け、休みごとにナオミチを預かり、食事をしたり、遊びに行ったり、旅行に行ったりという日々が続きます。楽しい日々でした。

しかし、ナオミチがその施設にいられるのは小学校入学まで。そのタイミングで別の養護施設に移ることになりました。当時の私には、パートナーはいたものの、子どもはいませんでした。私は、ナオミチを正式に養子にしたいと真剣に考えるようになりました。

理由は、「ほっとけないから」。

社会問題に対する使命感とか、ボランティア精神とか、そういった高尚な気持ちではありませんでした。ただ、偶然知り合ったナオミチと時を過ごすうちに愛情を抱き、彼を「ほっとけない」と思った。それだけでした。

ナオミチ一人の里親になったところで、恵まれない境遇の子どもたちが世の中から根絶されるわけではありません。それでも私は彼が可愛くて、強烈な「ほっとけない」という思いから、養子縁組をするべく行動に出ました。

東京都の面接を幾度も受けたり、いろいろなトライはしましたが、結果的に養子縁組はかないませんでした。理由は、まだ若い私たちには「今後実子が生まれるかもしれないから」というのが大きな理由でした。


そうこうしているうちに、ナオミチには新しいホストファミリーが決まり、施設からは、「新しいホストファミリーができたのだから、彼の精神的な安定のために、ナオミチには金輪際《こんりんざい》、会わないでほしい」と言われてしまいました。施設の方から言われた言葉は忘れられません。

「申し訳ありませんが、子どもを産めるのに産んだことがない人には、預けられないんですよ」

その後、あきらめきれない私は「会えないのならせめて」と、出張に行く度にナオミチに絵葉書を送ったり、彼が通う小学校の運動会をこっそり見に行ったりもしました。しかし、ナオミチのことを考えればやはり私は身を引くべきだと思い、彼が9歳の頃を境に、会いに行くのをやめました。

それからナオミチと再会できたのは、その10年後、2008年のことでした。ナオミチは新しいフレンドファミリーとはなじめず、施設生活も嫌で中学校を卒業すると、施設を出て県外に働きに出たそうです。しかし職場になじめずに、すぐに退職。職業訓練を行う施設や住み込みで新聞配達などもやっていたそうですが、いずれも長続きせず。私と再会したときには、19歳の若さでホームレスになっていました。

再会したとき、彼は、幾度となく自殺未遂を繰り返し、すでにうつ病の診断を受けていました。ナオミチは私に、「生きていても何もいいことはない」と、しきりに口にしていました。

再会してからは、私は仕事の合間を縫《ぬ》ってはナオミチに会い、会えなかった時間を取り戻そうと努めました。しかし経営者として多忙を極めていた私は、なかなか彼の悩みの解決のために、思うように時間が割けません。

何もしてあげられない自分に歯がゆい思いを感じていた2010年の年末、ナオミチは都内の踏切に消えました。私とつながっている携帯を握りしめたまま、自死したのです。

最後に交わした電話の最期の言葉は、「ありがとう。さようなら」でした。私は、ナオミチを救うことはできませんでした。

貧困と差別が生んだ悲劇

ナオミチが過酷な運命を背負わされることになった理由、それは貧困です。

ナオミチが生まれた1989年当時、日本はバブル景気がピークで、貧しい国から日本に働きに来る外国人が急増していました。フィリピンもそんな国の一つです。特に当時の日本で大流行したフィリピンパブで働くために来日するフィリピン人女性は「じゃぱゆきさん」と呼ばれ、日本人男性とのあいだに子どもをもうけるケースも少なくありませんでした。

日本に働きに来るフィリピン人女性を、「日本人男性のカネ目当てか」と非難するのも、無計画に子どもをつくって放棄したナオミチの母親を責めるのも、簡単です。私自身、最初はナオミチの両親、特に母親に対して、なんて身勝手なんだろうと、憤《いきどお》りを感じていました。

しかし、貧困国の実態を知るようになって、考えが少しずつ変わってきました。

彼女たちにはそういう方法で故国に送金することでしか、自分や自分の家族が生き延びる方法がなかったのです。普通に働けば普通に暮らせる日本に住んでいる私たちには、想像もつかない貧困が世界にははびこっている。それが、ナオミチに過酷な運命を背負わせた元凶です。

また、ナオミチはひどい差別にも遭っていました。

住み込みで新聞配達をしながら高校に通っていた時、小中学校時代からの先輩たち数人から、「親がいないから汚い」などと執拗にいじめられ、度重なる暴行を加えられていたそうです。

いじめた先輩たちはナオミチへの傷害容疑で逮捕され、新聞にも載りましたが、ナオミチの心の傷が癒《い》えることはありませんでした。

心を病み、人間不信になったナオミチが社会にうまくなじめなかったのは、容易に想像がつきます。いわれなき差別さえされなければ、ナオミチが人生に絶望することはなかったかもしれない……。

SDGsの17の目標の中に、目標1「貧困をなくそう」、目標10「人や国の不平等をなくそう」があります。前者は文字通り、貧困の撲滅。後者は社会的弱者や社会から疎外された人たちに対して、法律的・経済的な面から手を差し伸べること。

短絡的であることを承知で、あえて言わせてください。

世界がSDGsに取り組むことによって、社会が大きく変われば、ナオミチのような悲劇はきっとなくなると思うのです。

マネジメント業務も「ほっとけない」の精神で

こうした経験をするなかで私は、経営者として会社を大きくして利益をあげる責任とは別に、自分には何かの役割があるのではないかと考えるようになりました。

ナオミチは、「お願い、死なないで！」と泣き叫ぶ私との電話を握りしめたまま、踏切に消えてしまいました。彼が人生の最期に選んだのは、私でした。

そこには、何か意味があるという気がしてなりません。ナオミチと出会い、ナオミチと別れ、再び出会い、そして永遠に私の目の前から消えたことには、なにか神様からのメッセージがあるような気がするのです。

私の中でそんな気持ちが少しずつ大きくなっていったことが、サニーサイドアップとして、社会に貢献することを意識しはじめたきっかけであることはたしかです。

最初から「社会問題の解決のために……」なんて大上段で構える必要はないと思います。はじまりは、私のような「ほっとけない」という気持ちからのスタートでいい。

聞けば、私のうちは祖母の代からとんでもない「おせっかい」家系だったようです。誰かに必要とされている、頼りにされているということが、（ときに採算度外視の手間がかかっても）とてつもなく嬉しく思う。幸か不幸か、そんな血を引いているのは事実のようです。

私たちが、個人のPRやマネジメント業務をやっているのも、根っこは同じ。素晴らしい才能のある人から頼りにされれば、どうにかしてあげたい、その人のために何かやってあげたい。

最初はトライアスロンの宮塚英也選手でした。「俺を売ってくれ、金は払う」と言われたことがはじまりです。1991年のことです。物のPRではなく、人の応援がはじめて仕事になりました。

その後、中田英寿《ひでとし》（元サッカー日本代表）、前園真聖《まえぞのまさきよ》（元サッカー日本代表）、北島康介（水泳）、杉山愛（テニス）、為末大《ためすえだい》（陸上）、上田桃子（ゴルフ）といった一流選手たちのマネジメントを手掛けることになりました。

なぜなら、おせっかいだし、「ほっとけない」から。「ほっとけない」の精神で行動をしているうちに、やがて世間から「ソーシャルグッドな会社ですね」と言われるようになり、それらの活動が「ＳＤＧｓ」という世界の目標ともリンクするようになった。そういう流れなのです。

ホワイトバンド運動の動画を見て受けた衝撃

ＳＤＧｓという言葉がまだなかった頃、私たちがはじめて会社として、自ら何かのアクションを起こしたのは、２００５年の「ホワイトバンドプロジェクト」という貧困撲滅キャンペーンです。

その年の春、私はある衝撃的な動画を見ました。何気なくネットを見ていたら、イギリスＢＢＣのウェブページで、キャメロン・ディアス、ブラッド・ピット、トム・ハンクスといったハリウッドスター、サッカー選手のデビッド・ベッカム、マイクロソフトのビル・

ゲイツといった錚々《そうそう》たるセレブリティが、次々に指を鳴らしているのです。画面はモノクロ。彼らは全員白いTシャツを着て、白いリストバンド（ホワイトバンド）をしています。

それを見た私の第一印象は、「かっこいい！」でした。あまりのかっこよさに衝撃を受けた私は興味をひかれ、ウェブページをどんどん読み進んでいくと、私の知らなかった現実を知ることになりました。

世界では、3秒に1人の子どもたちが貧困のために亡くなっているというのです。3秒に1人……。がく然としました。動画で彼らが指を鳴らす間隔が3秒に1度なのは、それを意味していました。

ウェブページには、「これは〝Make Poverty History〟のキャンペーンフィルムである」というようなことが書かれていましたが、恥ずかしながら私は〝Poverty〟の意味を詳しくは知りませんでした。調べてみると、Povertyとは「貧困」のことでした。つまり、Make Poverty History とは「貧困を過去のものにしよう」という意味でした。

彼らが腕につけていた白いリストバンドは、その意思表示でした。つまり、フィルムに登場していたセレブたちのように私たちも白いリストバンドをつけることで、「貧困をなくしたい」という意思を世の中に表明していこうという運動なのです。

280億円のチャリティ金は、1週間分の利息に消える

少し、時間をさかのぼります。

サニーサイドアップを創業した1985年、ロックミュージシャンであるボブ・ゲルドフの呼びかけによって、「ライヴ・エイド」というアフリカ難民救済のためのチャリティ・コンサートが、ロンドンとフィラデルフィアで同時開催されました。

「ライヴ・エイド」には、U2、クイーン、ポール・マッカートニー、エルトン・ジョン、マドンナといった超一流アーティストたちが無料出演しました。日本でも中継されたので、ある世代以上の方の中にはご覧になった方もいらっしゃると思います。

見ていない方も、最近大ヒットした映画『ボヘミアン・ラプソディ』のクライマックス・シーンのライブと言われたら、わかりますよね。また、キャンペーンソングとしてマイケル・ジャクソンとライオネル・リッチーが作詞・作曲した『ウィ・アー・ザ・ワールド(We Are The World)』という曲はご存知かもしれません。この曲は世界的に大ヒットしました(私もレコードを買いました)。

「ライヴ・エイド」は20世紀でもっとも成功したチャリティ・コンサートと言われ、集ま

った寄付金は1億2500万ドル（当時のドル円レートで、約280億円）に達しました。

ところが、です。日本円にして280億円にもなるチャリティ金でしたが、それでも、アフリカ諸国が先進国に返済する債務の、たった1週間分の利息に過ぎませんでした。貧困を生んでいる仕組みは、寄付だけではどうにもならない、焼け石に水であることが、皮肉にもわかってしまったのです。

では、仕組みごと変えるにはどうすればいいのでしょうか？　それは政治を変えることです。

「ホワイトバンドプロジェクト」は、まさにそれ。2005年7月にイギリスのグレンイーグルズで開かれようとしていたG8サミット（主要国首脳会議）に向け、貧困問題に対する「世論」を醸成することが目的の運動でした。

SDGsの前身、「MDGs（ミレニアム開発目標）」とは

「ホワイトバンドプロジェクト」は貧困を撲滅するキャンペーンですが、これはMDGs（エムディージーズ）の流れを汲んでいます。

MDGs（Millennium Development Goals／ミレニアム開発目標）とは、1990年代

の国際会議で採択された、いくつかの国際開発目標と、2000年9月に国連サミットで採択された国連ミレニアム宣言とを統合したものです。国連加盟の193か国と23の国際機関が2015年までに目標を達成することに合意しました。

MDGsは8つのゴール（目標）と21のターゲット項目によって構成されていました。その8つとは、以下の通りです。

MDGs（ミレニアム開発目標）

目標① 極度の貧困と飢餓の撲滅
目標② 初等教育の完全普及の達成
目標③ ジェンダー平等推進と女性の地位向上
目標④ 乳幼児死亡率の削減
目標⑤ 妊産婦の健康の改善
目標⑥ HIV／エイズ、マラリア、その他の疾病の蔓延防止
目標⑦ 環境の持続可能性の確保
目標⑧ 開発のためのグローバルなパートナーシップの推進

読んでわかるように、MDGsは、「SDGsの前身」と呼ぶべきものです。

たとえば、1つ目の「極度の貧困と飢餓の撲滅」は、SDGsで言えば、目標1「貧困をなくそう」に当たります。そして、ホワイトバンドプロジェクトにおける「Make Poverty History（貧困を過去のものにしよう）」と同じことです。

私がMDGsに端を発するホワイトバンドプロジェクトを通じて学んだのは、この貧困を生んでいる原因を勉強すれば勉強するほど、突き詰めれば突き詰めるほど、ジェンダーの問題、教育の問題、環境汚染の問題と、いろいろな問題にたどり着くということでした。

ただ、MDGsではこれらの問題解決のためにとても高い目標値を設定してしまったので、結局2015年までにクリアできませんでした。それがよりサステナブル（持続可能）な形で生まれ変わったのが、2015年に国連で採択されたSDGsというわけです。ですからMDGsで残された課題が、スライドして反映されているのです。

中田英寿への国連CMの依頼を断ってしまった後悔

じつはホワイトバンドプロジェクトの数年前、私たちは国連から「MDGsのグローバルキャンペーンに、中田英寿を起用したい」という依頼をいただいていました。

ですが、私はお断りしていました。

そのとき提案されたプロモーションビデオの絵コンテは、世界中の著名サッカー選手がパスでボールをつないでいき、最後にアフリカの男の子にパスされる、といったものでした。ただ、当時の中田はコマーシャル出演のご依頼も多かったのですが、セレブリティの極みのような存在だった中田と「貧困」はミスマッチというか、すごく違和感があったのです。

それがブラジル出身のロナウドさんならば、貧富の差が深刻である国から出てきた選手ということで説得力もあるというものですが、中田個人が直接的に莫大な寄付をするわけでもないし、これは彼がやるべきものではないなあと思ったのです。

ただ正直言って、お断りした当時の私は、MDGsについてしっかりとは考えていませんでした。世界の貧困についての理解も浅いものだったと思います。私は、無知で不勉強でした。

しかし、ホワイトバンドプロジェクトの、あの衝撃的な動画をきっかけに貧困の実態を知った私は、「MDGsって本当はこういうことだったんだ」と、腹落ちしたのです。

となるともう、居ても立ってもいられなくなりました。これ、まずいんじゃない？ 本当にどうにかしないと、今こうしているうちにも、3秒に1人の子どもが亡くなっているなんて！

こうしてサニーサイドアップは、ホワイトバンドプロジェクトの、日本における展開を行うことになりました。

ホワイトバンド運動は、約11兆円分の効果を生んだ

私がホワイトバンド運動の動画に感銘を受けたとき、日本での「ホワイトバンドプロジェクト」は、いくつかのNGO・NPOで構成されている『「ほっとけない」世界のまずしさキャンペーン」実行委員会』が中心となって、キャンペーン展開がスタートしつつあるところでした。

しかし、圧倒的にお金がありません。新聞などに広告を打ったり、印刷物を作ったりする費用はもちろん、その活動資金を集めるために販売するホワイトバンドの制作や流通ノウハウ、なによりそれらを世間に知らしめるPRノウハウを、彼らは持ち合わせていませんでした。

私たちはそこをサポートしたのです。

その時点で、G8サミット開催まで数か月しかありませんでしたが、私たちはまず日本版のホワイトバンドのフィルムを作り、たくさんの文化人やアーティスト、アスリートに登場してもらいました。

そうしてG8サミット開催に間に合う形で日本でのホワイトバンドを発売。初回生産の30万本は即完売しました。

PRは私たちの得意とするところなので、ホワイトバンドをつけている中田の写真を新聞に掲載してもらい、話題になりました。

テレビのニュースや雑誌などで「中田も賛同しているキャンペーン」として紹介されたことで、クリエイターやアーティストがキャンペーンに賛同してくださり、キャンペーン動画に参加してくれました。ホワイトバンドをつける著名人も増え、街にはホワイトバンドをつけて歩く人の姿も見られるようになりました。

日本でのホワイトバンドは、最終的に600万本近くにもなる、とてつもない本数を売り上げました。

キャンペーンの効果は如実に表れました。

２００５年７月、イギリスのグレンイーグルズで行われたＧ８サミットでは、貧困問題を中心に話し合いが行われ、アフリカへのＯＤＡ（政府開発援助）を、５００億ドル（当時のドル円レートで、約５兆円）増額することが決定されます。また、同年９月に開催された国連ワールドサミットでは、小泉純一郎首相（当時）がアフリカへのＯＤＡを３年間で倍にすると表明。そしてさらには、世界銀行とＩＭＦ（国際通貨基金）が、貧困国への債務５５０億ドル（当時のドル円レートで、約６兆円）相当を、債務帳消し、あるいは削減することが決まりました。

つまり世界中で行われた「ホワイトバンドプロジェクト」は、世界の貧困に対する国民の関心を集めることで各国の政府にプレッシャーをかけ、貧しい国の人々のために１０５０億ドル分、当時の日本円にして約11兆円分の恩恵をもたらす一つの大きな力となったというわけです。

「アドボカシー（政策提言）」と「啓発」こそ、世界を救う

ホワイトバンドプロジェクトが政策決定に影響を与えたのは明らかでした。

このように、個人またはグループが、国の政策を変えさせようと訴える、政府に圧力を加えることをアドボカシー（advocacy／政策提言）と呼びます。

アドボカシーは、寄付やボランティアなどとは異なる社会の動かし方です。

私たちが死ぬほどがんばって働き、財を成したり会社を大きくしたりしても、11兆円分のお金なんてひねり出せるわけがありません。世界中に寄付を募ったとしても、11兆円なんてとてもとても。世界的な大成功を収めたという「ライヴ・エイド」ですら、280億円だったのですから。

ホワイトバンドプロジェクトが果たした役割は、いわば「啓発」と呼ぶべきものです。貧困の問題について何も知らなかった私が、ホワイトバンドの動画を見て「知る」ことになったように、何が問題なのかを広く知らせる。それが啓発です。

「白いシリコンのバンドを着けたから、何なんだ？」と言われればまさにその通りなのですが、それを着けることによって、問題を知ることになる。問題を知れば、気持ちが変わる、行動が変わる。それが啓発の効果です。

たとえば、恋人と外を歩いていて喉が渇いてきたと。「コンビニでも行こうか」と言おうとしたとき、恋人のバッグの中からマイボトルが出てきた。「ああ、この人はちゃんと地球のことを考えている意識の高い人だな」と思いますよね。それにキュンとしたり、じゃあ自分もマイボトルを使おうかな…と思ったりするかもしれません。それと同じ。

こうして、影響を受けて行動する人の数がものすごく多くなれば、やがて政策を決める人たちが無視できない「世論のうねり」が形成され、政策決定にまで影響を与えるでしょう。それが政策提言、アドボカシーです。

キャンペーンによって人の気持ちが変われば行動が変わり、その行動が変わることによって、世の中の仕組みが動く。ああ世の中って本当に変わるんだなというのを、「ホワイトバンドプロジェクト」にたずさわることによって私は大いに実感したのでした。

安く作ればいいってものではない！「フェアトレード」

キャンペーンを手掛けている最中には、たくさんの気付きがありました。その一つが、フェアトレード（公正な貿易）の大切さです。

私たちは、ホワイトバンドの売り上げを少しでも多く活動費に割くためには、なるべく安く作ったほうがいいと考えました。そこで中国のいろいろな工場を当たって一番安い工場に決めようとしたのですが、一緒にキャンペーンを進めているＮＧＯから、待ったがかかったのです。彼らは言いました。

「その工場のことをちゃんと調べてますか？　児童労働はありませんか？　適正な賃金がちゃんと支払われていますか？　たずさわる人たちみんながフェアなビジネスを心がけていますか？」と。

ハッとさせられました。そう、フェアトレードが守られているかどうかを、私たちは確認していなかったのです。

経済的に強い立場にある消費国が、経済的に弱い立場にある生産国に対し、その立場差を利用して商品やサービスを安く買い叩けば、生産国の労働環境が悪化してさまざまな問題が起こりますよね。海外で生産した商品がとても安いということは、その分、現地の誰かが無理をしている、あるいは無理をさせているということなのです。

フェアトレードへの取り組みは、SDGsのいくつかの目標とも密接にかかわっています。適切な賃金を支払うことは、目標1「貧困をなくそう」や目標2「飢餓をゼロに」につながりますし、男女の雇用形態や賃金に差別を設けないことは目標5「ジェンダー平等を実現しよう」です。また、労働者の権利保障は目標8「働きがいも経済成長も」にもかかわるでしょう。

指摘を受け、私たちは急遽決まりかけていた工場を変えました。それによって製造費は上がってしまいましたが、ホワイトバンドプロジェクトの推進によって新たに苦しむ人が出てきてしまうのは本末転倒です。ただただ、学びでした。

「寄付金じゃないの?」と、大バッシングされる

ただ、ご記憶の方もいらっしゃるかもしれませんが、日本での「ホワイトバンドプロジェクト」は、運動の後半で世間からのバッシングに遭いました。「ホワイトバンドの売り上げは、すべてそのまま貧困国に寄付されるものだ」とする、活動の目的とは異なった受け取り方をされてしまったためです。

ホワイトバンド発売から3か月後、「ホワイトバンドは寄付ではない」というウェブページまで立ち上がり、私は詐欺師呼ばわりされました。

ただ、ホワイトバンドが寄付ではないということは、最初からはっきりと謳《うた》っていました。そもそも、「寄付のレベルではどうにもならない」を起点に始まったキャンペーンなのですから、当然と言えば当然です。

ホワイトバンドの価格は1個300円(税込)。内訳は、原価が3割、流通経費が4割(た

くさんの方に知っていただくために私たちは、プロジェクトに賛同し、ホワイトバンドを扱ってくださるコンビニエンスストアや書店に、在庫リスクを取っていただくかわりに多少の費用をお支払いしました)、そして残りの3割が、貧困をなくすための「活動資金」です。その「活動資金」のうち、3分の2が広報活動に使われ、3分の1がNGO活動の基金となります。……と当初から説明していたのですが、うまく理解していただけませんでした。

その理由は、当時の日本ではまだ「アドボカシー」や「啓発」、あるいは「アウェアネス(awareness/気づき、意識の喚起)」を目的とするキャンペーンが主流ではなかったからです。「チャリティと言えば寄付」というイメージの人が、まだまだ多い時代でした。

ちなみに海外の事務局に問い合わせてみたところ、寄付ではないということでバッシングが起こったのは、キャンペーンを展開した世界約90か国のうち、日本だけだったそうです。つまり「貧困のことを世界に知らしめる」という意味での啓発以前に、「アドボカシー」「啓発」「アウェアネス」によって世界を動かすという概念自体の啓発が、当時の日本ではまだ浸透していなかったのです。

「社会に良いこと」=「自分の身をすべて削って奉仕すること」ではない

ホワイトバンドプロジェクトのキャンペーンは、サニーサイドアップとしては完全に赤字でした。当初は私たち社員の実働分の最低の賃金や交通費だけは実費としていただくつもりでしたが、ホワイトバンドの製作原価（工場に支払う分）と流通費だけをいただき、それ以外はすべて、貧困をなくすための活動費に回したからです。

キャンペーンにのめり込み、600万人の方々にホワイトバンドをつけていただきましたが、バッシングの最中、私たちはそこで利益を取るどころか、マックスで何億円という借金を抱え、自転車操業していたのが現実でした。

そうせざるをえなかった背景には、当時の日本の空気が大きく影響していました。「チャリティ=寄付」のイメージが強かったため、社会貢献や善い行いに「自己犠牲の精神」を求めてくる人が多かったのです。

ここで一つ、強調させてください。

企業がSDGsへの取り組みを行う場合、「自己犠牲」を掲げるべきではないと思います。自己犠牲はサステナブル（持続可能）ではないからです。

ＳＤＧｓとも親和性が高い社会貢献的な活動、あるいはソーシャルグッドな活動は、１回限りで終わっては意味がありません。継続できなければ、社会の大きな仕組みを変えることができないからです。

ある問題に対してずっと本気で取り組む、応援するためには、その事業がサステナブル（持続可能）でなければなりません。１００メートルダッシュのような筋肉の使い方で、フルマラソンは走りきれませんよね。自分の身を削らなければできないような活動は、サステナブルとは言えないでしょう。

自腹を切る寄付やボランティア、財をなげうつような自己犠牲の精神はもちろん素晴らしいことだと思いますが、それには限界があります。ですから、企業がＳＤＧｓへの取り組みを念頭に置いてソーシャルグッドな活動をする際には、きちんとビジネスベースに乗せるべきではないでしょうか。

適切な利益を確保し、連携をとって一緒に進める会社があれば、どちらかが負担をかぶることなく双方がウィンウィンになるような、つまりビジネスとしてちゃんと成立するようなスキームを心がける。誰かの犠牲のもとに成り立っているものは、それが見た目にいかに素晴らしいソーシャルアクションであったとしても、長続きはしないものです。

ただ残念ながら、日本では企業の社会貢献の文脈で「ビジネス」という言葉を使うと、儲け主義のように受け取られて嫌われることがあります。

また世の中には、「あなたたち企業は儲かってるんだから、寄付しなさいよ。それが企業の責任でしょう」というふうに言ってくる方もいらっしゃいます。

しかし、それは筋違いだと思います。まず儲かっている会社であれば、法人税を払います。これも立派な社会貢献です。寄付と同じ価値があります。私は、サステナブルな社会貢献は、まっとうなビジネスでなければならないと思います。

SDGsを意識したビジネスを手掛ける際には、このことをまず念頭に置くべきでしょう。大事なのは持続可能、サステナブルであること。だからそのためには、ちゃんと利益を確保してください。それがソーシャルビジネスというものです。

繰り返しますが、寄付やボランティアも大事です。今すぐに現金を必要とするケースは世の中に多々ありますし、それ自体を否定はしません。

でも現実的に、普通の企業が「世界で困ったことが起こっているから、何億円寄付します」なんてこと、できないですよね。しかし、その効果に匹敵するアクションはビジネスベースでも可能だと私たちは信じています。

「啓発」こそが、人々の意識を変えていく

直接的な寄付よりも啓発キャンペーンのほうが効果が高い。それは「ライヴ・エイド」（約２８０億円の効果）と「ホワイトバンドプロジェクト」（約11兆円分の効果）に、如実に表れていました。後者は、投資用語で言うところのレバレッジ（少ない元手で大きな投資効果をあげること）を彷彿《ほうふつ》とさせます。

近年、啓発キャンペーンとしてもっとも成功したのは、２０１４年にアメリカではじまり、日本にも波及した「アイス・バケット・チャレンジ」ではないでしょうか。これは、筋《きん》萎《い》縮《しゅく》性《せい》側《そく》索《さく》硬《こう》化《か》症（ＡＬＳ）の研究を支援するためのキャンペーンです。

「アイス・バケット・チャレンジ」のルールは、以下のようなものです。

ルール１：バケツに入った氷水を頭からかぶり、チャレンジを受けてもらいたい人物を指名。その動画をＳＮＳで公開する。

ルール２：指名された者はチャレンジを受けるか、１００ドルをＡＬＳ協会に寄付する。

あるいはその両方を行うことを、24時間以内に決断する。

一説によれば、世界での参加者は２８００万人以上、シェアされた動画は２４０万本以上にのぼったとのことです。フェイスブック創業者のマーク・ザッカーバーグがマイクロソフト元会長のビル・ゲイツを指名したり、日本でもソフトバンクの孫正義さんはじめ多くの経営者、著名人、文化人などが参加したりして話題になりました。

ＡＬＳ協会によれば、このキャンペーンによって過去に例のない莫大な金額の寄付が集まったそうですが、大事なことは寄付金額そのものではありません。

ＡＬＳという病気について、みんなの関心を集めたということです。

「アイス・バケット・チャレンジ」にも、「ホワイトバンドプロジェクト」と似た批判がありました。曰《いわ》く、単に著名人の見世物的なパフォーマンスにすぎず、ＡＬＳ治療のための直接的な貢献は果たしていないのではないか、と。

しかしこのキャンペーンの第一目的が「啓発」なのであれば、その役割は十分に果たしたと言えるでしょう。

著名人のパフォーマンスだろうがなんだろうが、「あんな人も参加したらしい！」ということがニュースで大々的に取り上げられ、動画がネットでバズることによって、ALSという病気を知らなかった人が関心を持ち、知るようになりました。それが「アイス・バケット・チャレンジ」最大の功績です。

何か解決すべき大きな問題があっても、多くの人に知られていなければ、問題はいつまでたっても解決しません。知らなければ人は動きませんし、人が動かなければ世の中の仕組みは変わりません。私がホワイトバンドの動画を見て初めて貧困のなんたるかを知り、動いたことはその典型です。

「このビデオ、かっこいい！」「中田が腕に白いバンドを巻いている。これって何？」。そうやって、みんなにネットで検索してもらう。それでいいのです。そういうきっかけがなかったら、誰も世の中の問題に見向きもしません。関心を「0」から「1」に持っていくこと、それは十分に意味のあることなのです。

第5章で改めて述べますが、特に中小企業のみなさんがSDGsに取り組む際、「そのアクションにどれほどの意味があるのか？」「そんなにお金をかけられないが……」という疑問にぶつかったら、ぜひ「ホワイトバンドプロジェクト」や「アイス・バケット・チャレンジ」のことを思い出してほしいと思います。

前澤友作さんの「毎週お金贈り」が与えたきっかけ

それ単体のアクションに経済的効力がダイレクトにともなうかどうかよりも、大事なのはきっかけであり、啓発であり、気づき（アウェアネス）であり、最初のスイッチになること。それを改めて実感したことが、最近ありました。余談になりますが、この章の締めとしてお話しさせてください。

２０２１年３月、私はＺＯＺＯの創業者で実業家の前澤友作さんが行っている「毎週お金贈り」にご協力させていただきました。前澤さんのお金贈りには、賛否両論がありますが、私は個人的に友人でもある前澤さんの、「世の中を良くしたい」という純粋な気持ちに賛同しました。

これは、前澤さんが毎週対象者を指定して支援金を届けるプロジェクトです。たとえば、ある週は新型コロナウイルスへの対応で大変な医療従事者の方200名に、5万円ずつを支援しました。ある週では介護従事者の方200名に5万円ずつを支援しました。このお金を前澤さんだけが全額拠出するのではなく、毎週異なる協力支援者が加わるわけです。

私は「挑戦するすべての女性」200名に5万円ずつをお送りする週に、500万円の支援（つまり全体の半分です）をご協力させていただきました。女性社長として、今まで少しずつ会社を成長させてきた36年間の中で、女性だからといって諦めてきたことがなかったわけではないからです。

私は女性の起業や資格取得、未来に有意義な経験などを支援したいと思いました。SDGsの目標5「ジェンダー平等を実現しよう」にも当てはまっています。

これにはTwitter上で約23万人もの方からのご応募をいただきました。応募者のみなさんは5万円をどんなことに使いたいか、何に挑戦したいか書いてくださるのですが、一つ、とても心に残ったツイートがありました。

「ツイートを書いているうちに、自分がやりたいことがわかりました。それだけで十分なので、もし当たっても、5万円はほかの方に送ってください」

というものです。

私の拠出額500万円でできることには当然限りがありますし、一人5万円でできることだって、たかが知れています。だけどこの方にとっては、前澤さんのプロジェクトが自分を見つめ直す「きっかけ」になったようです。彼女にとってそれは、現金5万円を受け取るよりもずっと意味のあることだったのかもしれません。

彼女はきっと、行動を起こされたと思います。かつての私が「ほっとけない」「かっこいい！」で貧困について深く考え、知り、行動を起こしたように。

いつだって小さなきっかけが、大きな行動へとつながっていくのではないでしょうか。

第3章

未来を見すえた企業が、「SDGs」にシフトしている理由とは?

儲けるだけではすまされない。新しい時代の企業の使命

「無印良品」を展開する良品計画は、２０２１年4月より、すべての飲料商品の容器をペットボトルからアルミ缶に切り替えると発表しました。プラスチックゴミによる海洋汚染が問題になる中での大英断、目標12「つくる責任、つかう責任」への取り組みです。

なぜ現代の企業は、ＳＤＧｓに取り組まなければならないのでしょうか。

大前提として、企業が社会に求められるものは時代ごとに変化しています。

１９８０年代くらいまでの企業には、消費者にとって便利な商品やサービスを1円でも安く提供することが求められました。企業側としても、ムダを排し、効率を追求し、売り上げをアップさせれば、それがそのまま従業員や消費者の利益になると信じていたと思います。

しかし１９９０年代に入ると、地球温暖化をはじめとした環境問題が顕在化し、企業にも環境保護の観点から地球に優しい取り組みが求められるようになりました。製造過程での排出ガス削減、再生紙の利用といった取り組みは、その代表的なものです。多少利益率

が下がっても、製造コストが上がっても、環境破壊に直結するような企業活動は好ましくない。そんな空気が世界的にできあがっていきました。

やがてCSR（Corporate Social Responsibility／企業の社会的責任）という言葉が普及しはじめます。企業はただお金を儲けるために存在しているのではなく、倫理的にも正しくふるまうべきであり、社会に貢献する責任を持つ。そんな考え方のことです。本業と関係ない慈善活動や寄付といった「善行」をイメージさせる活動もここに含まれ、CSRが企業ブランディングと不即不離の関係になっていきました。CSRにきちんと取り組んでいる会社は「良い会社」として、消費者からの支持を上げたのです。

もう一つ、CSV（Creating Shared Value／共有価値の創造）という概念も、2011年以降提唱されるようになりました。これはCSRとは異なり、本業で社会貢献する、つまり社会問題をビジネスで解決するというもの。「ソーシャルビジネス」に近い考え方です。たとえば、「東日本大震災被災地の名産品を通販で買えるようにして、復興支援に役立てる」といったビジネスは、CSVに則《のっと》ったスキームでしょう。

CSRやCSVはSDGsに近い考え方ですが、CSRやCSVが「考え方そのもの」

であるのに対し、ＳＤＧｓは体系化・明文化され「具体的な目標」をともなっているのが異なる点です。

いずれにせよ、ＣＳＲやＣＳＶを実践している企業が注目を浴びたりスタートアップとして多額の投資を受けたりしていることからも分かるように、ＳＤＧｓに取り組まない企業は今後確実に世の中から取り残されていくでしょう。

これは、もう戻ることのできない時代の流れです。

国や政府や経営者を動かすのは、一人ひとりが集まった「世論」

２０１５年12月25日に過労で自死された、電通の高橋まつりさんの悲劇。あの事件以降、「働き方改革」の気運が日本中を覆い、残業の上限規制を盛り込んだ働き方改革関連法が２０１８年に成立しました。

ＳＤＧｓで言えば、目標８「働きがいも経済成長も」に関連する事案ですが、この事件は決して電通だけの問題ではありません。電通の後ろにいるたくさんの下請け企業に対しても、「従業員に無理をさせるな」という強いメッセージとなりました。

つまり、いくら中小企業であっても、「自分たちはそれどころじゃない」とは決して言えない時代になっているのです。

とはいえ、「吹けば飛ぶような中小企業に義務なんか課さないで、法律の規制で勝手にやってくれよ」と思われる方もいらっしゃると思います。

ただ、思い出してください。私は第1章で、「国家や社会が、〝政治と経済〟を両輪として運営されている以上、経済行為が含まれる実業的なアプローチなくして、政治は動かない」とお話ししました。政府にしかできないこともありますし、民間にしかできないこともあるのです。

そもそも、政治を動かす立場にある政治家が見ているものとはなんでしょうか？　選挙によって自分の命運が決まる以上、彼らがもっとも気にするのは「投票権のある有権者たちによって形づくられる世論」ですよね。

要は、「世論」が喚起されなければ政治は動かない。そう考えると、子どもの貧困問題が、何年も解決されないまま放置されている理由が見えてきます。身も蓋もない言い方をするなら、当事者である子どもたちには一票がないからです。もっと言えば残念ながら、当事者である子どもたちの周りの大人たちの意識が低く、選挙に行かない人が多いのも事実だからです。

結果、政治家たちは投票率の高い高齢者だけに目が行き、「老後は心配しなくても大丈夫ですよ」とご機嫌を取ることに終始。悲しいけれど、それが日本のこれまでの姿でした。

では、政治家を動かすような世論を形成するのは、いったい誰でしょうか？

それは、私たちです。SDGs最初の一歩を踏み出すべきなのは、民間である私たち企業人なのです。「ホワイトバンドプロジェクト」もそうでした。今まで無関心だった人の関心をそこに持ってきたことによって、世論が動き、政治が動いたのです。

アゼルバイジャンの「充電と血液のおすそ分けプロジェクト」

第1章で確認したように、SDGs達成度ランキングの上位はEU諸国が席巻しています。少し古いデータですが、2016年に企業活力研究所が行った調査によると、「SDGsがビジネスチャンスにつながる」と回答した日本企業は37・1％に留まりましたが、EU諸国の企業では63・5％。「企業の価値やサステナビリティ戦略の一部である」と答えたEU企業は、実に88・5％にものぼっています。

ヨーロッパを筆頭とした海外企業のソーシャルビジネス、連動したSDGsへの取り組みの中には、遊び心も盛り込まれた、とてもチャーミングなものが少なくありません。

以下、私が個人的に「素敵だなあ」と思った民間企業のソーシャルビジネスを紹介させてください。ＳＤＧsの採択以前に展開されたものですが、これくらいのスタンス、これくらい頭を柔らかくして挑んでもいいんだ、という実例として。

中央アジアにあるアゼルバイジャン共和国という国をご存知でしょうか。北にロシア、南にイラン、東は世界最大の湖・カスピ海に面した国です。

私は以前、国際ＰＲ協会の会合でアゼルバイジャンに行ったことがあるのですが、同国では意外にも、日本よりはるかに良いインターネット環境が整備されていました。アフリカ諸国などと同様、日本が歩んできた「固定電話→ガラケー→ＰＣでの常時接続→スマホ」というプロセスの途中を全部すっ飛ばして、いきなりスマホのインフラを整備したため、むしろ日本よりも通信インフラが最適化された環境でスマホが使えるのです。

ただ、やはり遅れていたのが医療の現場です。中でも、献血量の不足が深刻でした。

そこで同国のNar Mobileという携帯キャリアは２０１４年、「Life-saving Cable Project（命を救うケーブルプロジェクト）」を実施しました。

彼らは「スマホのバッテリーに余裕のある人が、不足している人に分け与えることができる充電ケーブル」を制作して、自社で新規にスマホを契約した人に無料配布したのです。同社の専用アプリをスマホにインストールすれば、GPSを使って充電を分けてくれるユーザーを検索することもできます。

ケーブルには「スマホを救うために充電を分け与えてください。命を救うために血液を分け与えてください」というメッセージが書かれています。「満充電されているスマホ」は「血液のドナー」を、「バッテリー切れのスマホ」は「献血を必要としている人」を、それぞれ表していたのです。

ケーブルを無料配布してくれるNar Mobileのショップには献血車が待機しており、献血したい人がすぐ行動に移せるようにもなっていました。

なんてチャーミングなんでしょう！

しかも、このケーブルというのがすごくちゃんとデザインされていて、おしゃれでした。ケーブルはひも状ではなく平べったい形状で、端と端を接続してリングにすることができます（ホワイトバンドのように）。カラーリングは白地に赤いライン。赤いラインは、献血を表しているのでしょう。見た目にも洗練されていました。

「Life-saving Cable Project」の反響は絶大で、マスコミでも大きく取り上げられました。結果、同国の献血者数は335％も増加したそうです。

Nar MobileとしてはCSR活動の一環でしたし、啓発が第一の目的ではありましたが、新規契約者数が増えたのは言うまでもないでしょう。ビジネスに結びついたのです。

何より、同社のブランド価値は爆上がりしました。Nar Mobileは、単にお金を積んでCMを打つだけでは手に入らないものを手に入れたのです。

自動車メーカーが作った「ユニークな信号機」が交通事故を減らす

次に歩行者用信号機の事例をいくつかご紹介しましょう。

まず、ドイツの自動車メーカー・スマート社（老舗ダイムラー社の子会社）が2014年に作った「The Dancing Traffic Light（踊る信号）」です。

これは、歩行者用信号機のLEDパネル部分の表示を、人がダンスをするコミカルな動画にすることで、「信号を待つのが楽しくなる」というふれ込みで製作されました。これによって歩行者が信号を待つのが楽しくなり、通常よりも81％も多くの歩行者が信号を守るようになったということです。

ポイントは、この製作をしたのが自治体ではなく、自動車メーカーであるという点。交通事故や環境汚染の元凶として、とかくやり玉に上がることの多い自動車メーカーですが、その自動車メーカー自身が「交通事故をなくそう」という社会的メッセージを発信し、かつ世界的な宣伝効果も果たしたのは、特筆すべきことではないでしょうか。

この「踊る信号」は、YouTube動画で見ることができます。

The Dancing Traffic Light Manikin by smart（YouTube動画）
https://www.youtube.com/watch?v=SB_0vRnkeOk

もう一つ。2015年にはオーストリアの首都ウィーンで、49か所の横断歩道に設置された歩行者用信号機の図案が、胸にハートマークの付いた同性カップルの人型に変更されました。

これは、ヨーロッパの国別対抗歌謡祭「ユーロビジョン・ソング・コンテスト」の開催に合わせたもの。同祭が同性愛者に愛されていることから、この試みが成立しました。

2016年にも、同様の期間限定信号機がロンドンに登場しました。性的マイノリティのイベント「ロンドン・プライド」期間中、トラファルガー広場の周りに設置された歩行者用信号機です。こちらも信号の表示部分に、同性カップルが手をつないで道を渡る図案を表示させていました。

ビジネスとして成立させられるかどうかはともかく、歩行者用信号機のように人目にふれやすい公共物を媒介したメッセージは、話題にもなりやすいと言えるでしょう。なによりも説教臭くない、とても茶目っ気のあるアイデア。3例とも最高にチャーミングですよね。

SDGsは、年間12兆ドルの経済効果、3億8000万人の雇用創出

2017年に開催された世界経済フォーラム（ダボス会議）において、「ビジネスと持続可能な開発委員会（BSDC、Business & Sustainable Development Commission）」は、興味深い報告を行いました。

もし2030年までに世界の企業がSDGsを達成すれば、実体経済の約60％を占めると言われる4つの市場「食料と農業」「都市」「エネルギーと材料」「健康と福祉」において、年間12兆ドル（1ドル110円で換算して、1320兆円）の経済価値がもたらされ、最大で3億8000万人以上の雇用が創出される可能性がある、というのです。

60の領域

「エネルギーと材料」の分野
①循環モデル（自動車）
②再生可能エネルギーの拡大
③循環モデル（装置）
④循環モデル（エレクトロニクス）
⑤エネルギー効率 （非エネルギー集約型産業）
⑥エネルギー保存システム
⑦資源回復
⑧最終用途スチール効率
⑨エネルギー効率 （エネルギー集約型産業）
⑩炭素捕捉および格納
⑪エネルギーアクセス
⑫環境にやさしい化学物質
⑬添加剤製造
⑭抽出物現地調達
⑮共有インフラ
⑯鉱山復旧
⑰グリッド相互接続

「健康と福祉」の分野
①リスク・プーリング
②遠隔患者モニタリング
③遠隔治療
④最先端ゲノミクス
⑤業務サービス
⑥偽造医薬品の検知
⑦たばこ管理
⑧体重管理プログラム
⑨改善された疾病管理
⑩電子医療カルテ
⑪改善された母体・子どもの健康
⑫健康管理トレーニング
⑬低コスト手術

グローバル目標とビジネスチャンスが連動する

「食料と農業」の分野	「都市」の分野
①バリューチェーンにおける食糧浪費の削減	①手ごろな価格の住宅
②森林生態系サービス	②エネルギー効率（建物）
③低所得食糧市場	③電気およびハイブリッド車
④消費者の食品廃棄物の削減	④都市部の公共交通機関
⑤製品の再調整	⑤カーシェアリング
⑥大規模農場におけるテクノロジー	⑥道路安全装置
⑦ダイエタリースイッチ	⑦自律車両
⑧持続可能な水産養殖	⑧ICE（内燃エンジン）車両の燃費
⑨小規模農場におけるテクノロジー	⑨耐久性のある都市構築
⑩小規模灌漑	⑩地方自治体の水漏れ
⑪劣化した土地の復元	⑪文化観光
⑫包装廃棄物の削減	⑫スマートメーター
⑬酪農の促進	⑬水と衛生設備
⑭都市農業	⑭オフィス共有
	⑮木造建造物
	⑯耐久性のあるモジュール式の建物

出典：ビジネス＆持続可能開発委員会報告書「より良きビジネスより良き世界」（2017）

その試算によると、12兆ドルの内訳は、筆頭が「モビリティシステム（自動運転など）」で2・02兆ドル、次いで「新医療ソリューション」が1・65兆ドル、さらに「エネルギー効率関連」が1・35兆ドル、と続きます。

ビジネスと持続可能な開発委員会は、SDGsと連動するビジネスチャンスがある領域として、「60の領域」を挙げています。

たとえば、「食料と農業」の市場なら、「森林生態系サービス」「低所得層向けの食糧市場」「食品廃棄物の削減」など。

「都市」の市場なら、「手頃な価格の住宅」「建物のエネルギー効率」「電気およびハイブリッド車」など。

そして「エネルギーと材料」の市場なら、「循環モデル（自動車、エレクトロニクス）」、「再生可能エネルギーの拡大」など。

さらに「健康と福祉」の市場なら、「遠隔患者モニタリング」「最先端ゲノミクス」「体重管理プログラム」などに、ビジネスチャンスがあるとしているのです。

あなたの会社の従来業務を、この「60の領域」に無理やり業態転換する必要は、もちろんありません。

ただ、現在の業務フローや取引先を見直す際、あるいは既存事業の見直しや新規事業を立ち上げる際、もしくは社内の管理体制や福利厚生を検討する際には、「SDGsの17目標」と、この「60領域」を念頭に置いてみてはいかがでしょうか。

なぜなら、SDGsに対応してない会社は、今後明らかにビジネスチャンスを逃すことになるからです。

「時代の風」に対応できない会社は、ビジネスチャンスを逃す

大きな企業、あるいはグローバル企業であればあるほど、CSR（企業の社会的責任）やCSV（共有価値の創造）から連なる、SDGsへの取り組みは、社会的な要請からして急務になっています。

そして彼らは、受発注取引するさまざまな企業、そしてサプライチェーン（商品が消費者に届くまでにたどる一連の生産・流通プロセス）上でかかわるあらゆる業者の事業活動にも、目を光らせることになるでしょう。

なぜなら、SDGsの達成は自社だけの問題ではないからです。以下のケースを想像してみてください。

【ケース①】　自社製品の製造を委託している下請工場が、外国人労働者を不当に低い給与で働かせていた。

【ケース②】　自社が口座を持つ銀行が、貧困国の労働者を搾取《さくしゅ》するビジネスを推し進めるグローバル企業に投資していた。

【ケース③】　取引している建設会社が、開発途上国の環境破壊を増大させるプロジェクトに名前を連ねていた。

SDGsに積極的に取り組んでいる企業であればあるほど、ケース①のような下請工場、ケース②のような銀行、ケース③のような建設会社との取引を考え直すでしょう。いきなり取引停止ということはないかもしれませんが、改善を要求したり、競合が登場したりした際に乗り換えられてしまう可能性もあります。

今後、「SDGsに対応していること」を取引条件として挙げてくる会社が増えてくることは自明。これは決してオーバーな言い方ではありません。

このＩＴの時代、そして情報開示時代、消費者は企業が社会的に正しく振る舞っているかどうかを、私たち経営者が想像する以上に調べ、ジャッジしています。

万が一、グローバルなブランドが開発途上国で労働者を搾取していたり、ＩＴ企業のトップや幹部が人種差別や性的マイノリティ差別を働いたりすれば、彼らがいくら優れた商品やサービスを提供していても、消費者にはそっぽを向かれます。

なぜならそんな商品やサービスを使うのは、かっこ悪いから。

結果、そのような企業はブランド価値を自ら下げるだけでなく、悪くすれば株価の下落や不買運動も起きかねません。実際、そうなった大企業、著名企業はいくつもあります。

つまり大企業・著名企業であるほどＳＤＧｓの取り組みを重視しますから、必然的に、彼らと取引のある中小企業にも、同じだけの意識の高さを求められるわけです。

実際に私たちサニーサイドアップも、お手伝いさせていただくクライアントや商品に対して、〝ＳＤＧｓ的な観点で〟お受けするかどうかを判断させていただくこともあります。

「受託型ビジネスのくせに何を偉そうな」と思われるかもしれませんが、時間と労力をかけてPRさせていただく以上、今の時代にそのような意識は不可欠だと考えるからです。

わがままを言わせていただければ、将来的にはそういった価値観に賛同できる企業さんとだけお付き合いができるようになればいいなと思っています。SDGsに照らし合わせた基準を設け、「これ以上じゃないと、申し訳ありませんがお手伝いはできないのです」と言えるようにならなければならない。

言うは易《やす》しですが、そんな気持ちです。SDGsの時代となり、同じように考えている企業も多いのではないでしょうか。

ジェンダー平等を実現する「フェムテック」の市場が、急拡大

SDGsに積極的に取り組んだり、ソーシャルビジネスの形で事業化したりすることで、その会社が新しいビジネスチャンスに恵まれるケースがあります。

「フェムテック」という言葉をご存知でしょうか。これはFemale（女性）とTechnology（テクノロジー）をかけあわせた造語で、女性が抱える健康の問題や課題を、テクノロジーの力で解決できる商品やサービスのこと。SDGsで言えば、目標5「ジェンダー平等を実現しよう」、目標10「人や国の不平等をなくそう」などの達成に寄与します。

一例として、不妊対策、生理痛の軽減、更年期障害の改善、女性特有の病気のケアなど。日本でも、生理日の予測と妊活支援をするスマホアプリ「ルナルナ」はよく知られたフェムテックのプロダクトですし、GUの吸水機能付きショーツもそうです。

世界を見渡せば、フェムテック企業への投資額は、2019年に5億8200万ドル（1ドル110円換算で約640億円）にのぼりました。

じつは私たちサニーサイドアップも、フェムテックの分野をはじめとしたスタートアップ企業を支援しています。

このとき本業のPRではなく、「資本参加」という形をとることもあります。通常の我々の業務はPRの受託なのですが、スタートアップ企業は、大手クライアントのようにPR受託料を支払えるだけの資金的体力がないケースも、ときどきあります。

そこで私たちは、そういった企業の株式を持たせていただきつつ、同時にPRを引き受けるということも行っています。

私たちはPR会社として、一つの才能や商品の素晴らしさ、あるいは、ビジネスそれ自体の社会的意義を世の中に伝えていくことを生業としています。若すぎるだとか、企業の規模が小さいだとかは、関係がありません。いいものには光を当てて、一緒に夢を見たい。

株式を持たせていただくという形をとることで、それを実現したのです。

世界中の投資家も「社会的にちゃんとしている企業か」で判断

サニーサイドアップがフェムテック企業に資本参加したケースは、ESG投資のような性質を帯びています。

「ESG」とは、環境（Environment）、社会（Social）、企業統治（Governance）のこと。最後の「企業統治」には、少し説明が必要ですね。昨今は「ガバナンス」とそのまま使われることも多いですが、これは「健全な企業経営を目指すための、企業自身による管理体制」のこと。具体的には、経営陣の不正を防いだり、個人情報の情報漏洩といったリスクを軽減したりするための組織上の仕組みを意味します。

普通の投資は、投資先企業の営業利益や成長性、つまり財務情報を見て行いますよね。それに対してESG投資は、非財務情報である環境（例：地球温暖化対策をちゃんと行っているか）、社会（例：児童労働を強いたり、女性の待遇差別を行ったりしていないか）、企業統治（例：法令や社会規範を守っているか）を考慮した投資のことです。

ESG投資は、昨今大きなムーブメントになっています。大口の機関投資家がこぞって、財務情報だけでなく非財務情報に基づいた投資、つまりESG投資に積極的な姿勢を見せているのです。

その気運の発端は、2006年にさかのぼります。

当時のアナン国連事務総長が、金融業界に対して責任投資原則（PRI／Principles for Responsible Investment）というものを発表しました。機関投資家の意思決定プロセスに、ESG課題を反映させるべきだ、としたのです。

その目的は言わずもがなでしょう。当時のMDGs、のちのSDGsをなんとしてでも達成したい国連としては、「ソーシャルグッドな会社」にこそ、どんどん成長してもらいたいからです。「投資家のみなさんは、ソーシャルグッドな会社にどんどん投資してください、資金を入れてあげてください」。アナン氏はそう言いたかったのです。

PRIに法的拘束力はありませんが、国連のトップがぶちあげただけに、その影響力は絶大でした。2020年時点で、PRIの署名機関数は全世界で3000を超えています。

話を戻しましょう。SDGsに積極的な企業はESG評価が高く、したがって投資をされやすいということになります。同じような業績の同業他社がいる場合、ESG評価が高い会社のほうが投資されやすい、つまり企業価値が上がりやすい。そういった意味でも、SDGsはビジネスチャンスを運んでくるのです。

なお、世界持続的投資連合（GSIA）の報告書によると、2017年度末の世界のESG投資残高は、30・7兆ドル（1ドル110円換算で、約3380兆円）にも及ぶそうです。2年前の2015年度末に比べ、34％も増えているのだそうです。

社会的な価値の高い会社かどうか格付けする「ESGスコア」

利益だけを追求する会社よりも、社会的な価値の高い会社が選ばれる。これは21世紀の新しい物差しとして確実に定着していくでしょう。私たちの日々の業務からもひしひしと感じるところです。

世界的な潮流としても、企業にESG情報の開示拡大を求める動きは広がっています。

EUは2021年3月から、「サステナブルファイナンス開示規則（SFDR）」というものの適用をスタートしました。これは投資会社などに対し、ESGに関連する投資方針を金融商品ごとに開示することを促すものです。ただ、人権や気候変動に関するESG情報は、開示の枠組みはまだ統一されていないという難しい側面もあります。アメリカのある調査機関によると、温暖化ガス排出量を開示している米国企業は4000社にとどまり、開示していない会社はその10倍、4万社もあるとのこと。

日本では、金融庁と東京証券取引所が開示促進にようやく動き出したところですが、欧米に比べて開示が遅れている感が否めません。やはりESGが非財務情報であるがゆえに、せっかくSDGsに積極的に取り組んでいても、可視化された数値として外部にアピールする機会が少ないのが現状です。

日本の帝国データバンクやアメリカのムーディーズ・インベスターズ・サービスは企業の評点や格付けを行っていますが、それはあくまで財務情報を元にしたもの。SDGs領域を加味する評価もあるにはありますが、グローバル企業が中心のため中小の国内企業には縁がありません。

しかし、それも過去のものになろうとしています。

SDGsの社内での取り組みというのは、得てして「プラスオン」の業務であり、担当者に任命された社員の中には「余計な仕事が増えて面倒臭いなあ」と感じる人もいると思います。

しかし第三者機関によって評価される、つまり「誰かに褒められること」は単純に嬉しいもの。がんばろうという気になりますし、会社がESGで高評価を受ければ、担当者は社内で一目置かれ、感謝もされるでしょう。こういうことが大事なのです。

第三者機関の動きとして興味深いのは、日本の格付け会社として有名な「格付投資情報センター（R&I）」です。ESG金融と呼ばれる「非財務情報に着目した投融資」が増えるなかで、R&Iは地方銀行と次々に提携しています。地銀からESG金融を検討する地方企業を紹介してもらう一方で、ESG金融の原則や考え方、ほかの企業の事例などを紹介しているのです。地銀は、R&Iと組むことで、投融資の判断がしやすくなります。

こういった第三者機関は、今後も増えていくでしょう。いずれ日本の実業界や財界で、「ESGスコアの高い業者に発注すること自体が、一つのブランディングだ」と囁《ささや》かれるようになることを切に願っています。

SDGsは、小回りのきく中小企業のほうが取り組みやすい

環境省が2020年3月に作成した「すべての企業が持続的に発展するために　―持続可能な開発目標（SDGs）活用ガイド―」（環境省のウェブページで閲覧可能）には、S

DGsの活用によって以下4つの可能性が広がると書かれています。以下に引用しますが、この章でお話ししたことがほぼカバーされていますね。

①【企業イメージの向上】
SDGsへの取り組みをアピールすることで、多くの人に「この会社は信用できる」、「この会社で働いてみたい」という印象を与え、より、多様性に富んだ人材確保にもつながるなど、企業にとってプラスの効果をもたらします。

②【社会の課題への対応】
SDGsには社会が抱えている様々な課題が網羅されていて、今の社会が必要としていることが詰まっています。これらの課題への対応は、経営リスクの回避とともに社会への貢献や地域での信頼獲得にもつながります。

③【生存戦略になる】
取引先のニーズの変化や新興国の台頭など、企業の生存競争はますます激しくなって

います。今後は、SDGsへの対応がビジネスにおける取引条件になる可能性もあり、持続可能な経営を行う戦略として活用できます。

④【**新たな事業機会の創出**】

取組をきっかけに、地域との連携、新しい取引先や事業パートナーの獲得、新たな事業の創出など、今までになかったイノベーションやパートナーシップを生むことにつながります。

ちなみに同ガイドは「中小規模の企業・事業者」を主な対象としていますが、むしろ大企業よりも中小企業のほうがSDGsに取り組みやすいという理由を3点あげており、これが大変興味深いので、要約してご紹介しておきましょう。

【理由1】意思決定のスピードが速い

中小企業は社員数が少なく組織がシンプルなため、トップダウンで行動に移すまでが速い。また、経営者と社員との距離が近いため経営者の意図が現場に伝達しやすい。社会問題は生ものなので迅速な対処と解決が必要とされますから、これは中小企業に優位性があります。行動までのスピード感は、サニーサイドアップでもかなり重視している点ですね。社員との距離についても、私自身かなり詰めていく方ですから（笑）。

【理由2】 地域での信頼やつながりがある

地域に根ざした事業活動を重ねているため、住民との距離が近く、地域問題との関係が強い。つまり取り組みに関して地域の理解や支持を得やすい側面が、中小企業にはあります。地域内の同業者や取引先と連帯・協業した取り組みも、やりやすいのではないでしょうか。

【理由3】 創意工夫と柔軟性に富む

大企業と違って経営資源が限られているため、中小企業はとにかく「工夫」で困難を乗り越えます。現場レベルでの創意工夫がイノベーションを生み出すのは中小企業ならでは。また、消費者や取引先のニーズに細かく対応する経験が豊富なのも中小企業の強みです。これら中小企業ならではのマインドやスキルは、刻々と変わる社会状況に対応しなければならないSDGsの推進には必要不可欠だと言えるでしょう。

意識の高い人材ほど、SDGsへの取り組みを見て会社を選ぶ

さきほどの「①企業イメージの向上」とも関連しますが、企業がSDGsに取り組み、それを外部へと適切にPRすることで得られる副次的効果として、「若く、意識の高い人材が集まる」が挙げられます。これは見逃せません。

最近の若い世代は、リーマンショック（2008年）以降、あるいは東日本大震災（2011年）以降に多感な時期を過ごしており、日本の景気が「良かった」時代を一度も体感していません。むしろ、親の失業による貧困や悲惨な被災の状況などを経験・見聞きすることで、「自分だけが利益を得ること」に対する罪悪感や、「社会貢献したい」という気持ちが、ほかのどの世代よりも強いのです。

また、「#Me Too運動」に代表される女性差別への問題意識、性的マイノリティであるLGBTQ〈女性同性愛者、男性同性愛者、両性愛者、トランスジェンダー〈出生時の性別と自認する性別が一致しない人〉、クエスチョニング・クィア〈性自認がはっきりしな

い人〉）に対する理解も、若年層であればあるほど進んでいます。

このような傾向は若い人の中でも、「視野が広く」「多様な価値観に寛容で」「旧来的な慣習や考え方にとらわれない自由な発想ができる」人ほど、特に強く持ち合わせているように感じます。

若い世代の人たちが働くモチベーションは、給料がすべてではありません。どれだけ社会の役に立てるか、人のためになれるか、そして性自認も含めた自分をどれだけ「個」として認めてくれるかどうかを重視して、職場を決めます。新卒時の就活や転職時の会社選びも、それが基準になるわけです。

ちなみに、電通が２０２０年に行った「ＬＧＢＴＱ＋調査２０２０」によれば、２０１８年10月時点で20歳から59歳であった6万人中、性的マイノリティの割合は８・９％だったそうです。おおよそ10人に1人。であれば企業としては、彼ら・彼女らを阻害しない職場環境を整えることは急務です。

なおサニーサイドアップでは、4月に入社してきた新入社員のメンバーには必ず、専門家によるＬＧＢＴＱやダイバーシティについての講義を受けてもらうことにしています。

また、彼らには入社後最初の仕事として、毎年4月末に行われるLGBTQ関連イベント「TOKYO RAINBOW PRIDE（東京レインボープライド）」（第4章で詳しく説明します）の、広報をサポートする取り組みを長年続けてきました。

高級品なんかより、サステナブルに生きたい若者たち

少し前まで、ネット上ではわかりやすく自己顕示欲の強いインスタグラマーが、若者たちにもてはやされていました。高い服やバッグ、高級な料理やワイン、どこどこのホテルのスイートに泊まりました、といったキラキラした投稿をみんなが羨んでいたのです。

でも、風向きは確実に変わってきました。「かっこいいと思うモノ・コト」の価値観が、変容してきたからです。

それを体現しているのが今の「Z世代」です。

１９９０年代後半～２０１０年代初頭に生まれ、２０２１年現在10代～20代前半の若者たちは「Z世代」と呼ばれますが、彼らは生まれながらに「サステナブルな発想」を持っています。景気の良い時代を経験しておらず、昔の若者ほど可処分所得もないので、マス

コミが煽《あお》る流行に左右されて散財することはありません。
それよりは、自分たちが本当にいいと思ったモノ・コト——それは、ときにソーシャルグッドな行動——にお金を使います。

このことは、サニーサイドアップの新卒採用や中途採用時にも、ものすごく感じます。私たちがソーシャルグッドな取り組みをしているから、という理由でわざわざ選んで会いに来てくれる学生さんが、ここ数年でかなり増えました。

中途採用に関しても、入社間もないほうが、もともとのサニーサイドアップのメンバーに近いような雰囲気を持っていたり、人になにか良いことをしたい、貢献したいという気持ちを持っていたりする人が多いという報告も、人事担当者からよく受けます。入社直後、うちのSDGsへの取り組みをよく理解した上で、その話題を振ってくる人もいると聞きました。

長く経営の立場にいる身としても感じるのは、今の若者たちの仕事に対するマインドは、10年くらい前と比べて確実に変わっているということです。もし給与額だけが目的であれば、サニーサイドアップの門は叩かないはず（笑）。もっとたくさんお金を稼げる会社が、ほかにいくらでもありますから。

2020年以降は新型コロナウイルスの感染拡大によって社会不安が増大し、それまで以上に自分が働くことの意味や、「果たしてこの仕事は社会のためになっているのか?」と自問自答する人が増えました。

自分の会社がSDGsにどの程度取り組んでいるか、どれだけ社会を見すえているか。それらは、今まで以上に「有能な働き手に選ばれるか否か」を決める鍵となっていくことでしょう。

「成長」フェーズから「成熟」フェーズへと、時代はシフトした

私たちは今、「成長」ではなく「成熟」の時代にいるのだと思います。

モノを作れば作っただけ売れてお金が儲かり、働けば働いただけ給料が上がる時代は、とっくの昔に終わりました。企業が利益を生み、その規模を拡大することで成長するのはとても大事なことですが、それに追われすぎていて大事なものをおろそかにしている、壊していることに、もうみんなが気づき始めています。

改めて会社の役割とはなんだろうと考えたとき、企業体として独善的・排他的に発展するのではなく、その発展が社会にとっても役立ち、かつ「持続可能（サステナブル）であるかどうか」が大事であることに気づきます。

人間と同じく、自分の成長だけに心血を注いでいた若い時分とは違うのです。社会にどう貢献できるかも含めて、自己の意味を見出す。そんな成熟した思考が、今の時代、会社に求められているのではないでしょうか。

SDGsとは、そのような思考が言語化・明文化・体系化されたものです。

ある企業が「成長」だけを唯一追求する価値観としてしまうのは、人が「経済的成功」だけを人生の目的にするのと同じくらい、不幸なことだと思います。一時の成功体験が忘れられないばかりに、その後の質素な生活を受け入れることができず、身を持ち崩してしまった人は、世の中にたくさんいますよね。三ツ星レストランにしか行けない、エコノミークラスではフライトできない……。

「成長」という言葉自体はポジティブに聞こえますが、グラフが上がっていくことだけを人生の、あるいは会社の指針としてしまうのは、あまりに危険。人生も会社も、浮き沈みは必ずあるのですから。

そんなとき、「成長」以外に「成熟」というもう一つの軸を持っていたとしたら、どうでしょうか。「成長」は停滞するかもしれないけど、「成熟」が減ることはありません。これこそがサステナブルな生き方であり、これからの時代の会社のありようであり、ひいてはSDGsが求める「持続可能な開発」の核にある考え方です。

SDGsは、世界中の産業や人々の考え方が「成長」から「成熟」にシフトチェンジするための、決定版指南《しなん》書のようなものなのです。

第4章

「SDGs」以前から取り組んできた「ソーシャルグッド」活動

サニーサイドアップは、ビジネスと社会活動をどう両立させたか

社会貢献やSDGsへの取り組みは、ビジネスと矛盾しません。それを納得していただくには、実例を見てもらうのが一番だと思います。

この章では、ホワイトバンドプロジェクト以降にサニーサイドアップが取り組んできたプロジェクトから、SDGs取り組みのヒントになる事例をご紹介します。

※事例の見出しの後の（　）内は、「その取り組みが、SDGsの中のどの目標に当てはまるか」を表しています。

年賀状を買うことで、地球温暖化が防げる仕組みを作る

——カーボンオフセット年賀状を企画　（↓目標13「気候変動に具体的な対策を」）

カーボンオフセット（carbon offset）という言葉をご存知でしょうか。

carbonとは二酸化炭素（carbon dioxide）に由来し、offsetとは「相殺、差し引き、埋め合わせ」のこと。つまり「カーボンオフセット」とは、「排出してしまった二酸化炭素の量を、何らかの方法で埋め合わせし、地球全体として二酸化炭素排出を実質ゼロに近づけようという発想」を意味します。

では、どうやって埋め合わせるのでしょうか。その方法とは、排出した側がクリーンエネルギー（太陽光発電、風力発電などによって得られる、環境に優しいエネルギー）の開発事業や森林保護、植林活動などに対してお金を払えばいいのです。これを「排出権を購入する」と言います。

私たちは、日本郵政の発売する年賀状に「5円の寄付金」をつけることで、誰もが排出権を購入できるようにしました。50円の年賀状を55円で販売し、5円分がカーボンオフセットに使われる。これが2007年11月に発売した「カーボンオフセット年賀状」です。サニーサイドアップが企画立案し、日本郵政グループに提案したことで実現しました。

カーボンオフセット年賀状も、「ほっとけない」が発端でした。きっかけは、京都議定書の「チーム・マイナス6％」プロジェクトが2008年4月からスタートするのを知ったことです。

京都議定書とは、1997年に京都で開かれた「第3回気候変動枠組条約締約国会議」で採択された、気候変動枠組条約に関する議定書（国家間で結ばれる国際法上の成文法）です。そこには、地球温暖化の原因となる温室効果ガスの削減が盛り込まれていました。

その京都議定書の締結国が決められた数に達し、ようやく発効（効力が発生すること）したのが2005年。日本には、「2008年から2012年の間に温室効果ガスの排出量を1990年に比べて6％削減する」という目標が課せられました。そこで目標を達成すべく政府が主導したのが、「チーム・マイナス6％」というプロジェクトです。

サニーサイドアップは、日本郵政グループが民営化されるときに新経営陣からお声がかかり、同社の広報をお手伝いしていました。2007年10月の郵政民営化のタイミングで世の中にアピールできるものとして思いついたのが、カーボンオフセット年賀状でした。当時社長の故・西川善文《よしふみ》さんに、夢中でご提案させていただいたのです。

ハガキのデザインはホワイトバンドを作ったメンバーが担当。初年度の2008年は1500万枚が売れました。

5円の寄付金×1500万枚＝7500万円という数字自体、たいしたものではないかもしれません。しかし、この年賀状を受け取った人の一部は「カーボンオフセットってなんだろう？」と興味を持って調べてくれたでしょう。「来年は買ってみようかな」と思ってくれた人もいたかもしれません。数字以上に啓発の役割を果たせたと思います。

なにより年賀状という、日本人になじみ深い習慣に寄付の仕組みをのせることによって、個人が社会問題解決に参加するとっかかりを作った点は、非常に意義深かったと自負しています。

誰でも参加できるような、ハードルの低い入り口を用意すること。それはＳＤＧｓへの取り組みの第一歩です。

サッカー観戦帰りに社会貢献。「なにかできること、ひとつ。」運動

——TAKE ACTION（テイクアクション）フットボールマッチを実行

（↓目標11「住み続けられるまちづくりを」）

２００８年、日本は環境・貧困・教育・保健などの諸問題を話し合う国際会議の開催ラッシュでした。同年5月には横浜でアフリカ開発会議が、7月には北海道の洞爺湖《とうやこ》町で主要国首脳会議（G8、通称：洞爺湖サミット）が、同月には同じく北海道の支笏《しこつ》湖でJ8（ジュニアエイト）サミットが、それぞれ開催されることになっていたのです。

時を同じくして、２００６年に現役を引退した中田英寿が、約2年間にわたる世界の旅から帰国していました。２００５年の「ホワイトバンドプロジェクト」にかかわることで

世界の貧困問題に意識が向いた彼は、世界の現状を自分の目で見て、さらに「何かしなければ」という思いを強めたのです。それが2年にわたる旅の動機でした。

そんな中田とともにサニーサイドアップが立ち上げたのが、「+1（プラスワン）」キャンペーンです。

これは「なにかできること、ひとつ。」をテーマに、私たちが個人でもできるアクションを起こすような、きっかけづくりを目的としたもの。運営するのは「TAKE ACTION!（テイクアクション）２００８実行委員会」。その代表は中田です。

サニーサイドアップはこのキャンペーンの企画、協賛企業セールス、委員会の組織・運営、サポート団体とのリレーション、フットボールマッチの企画・運営制作、ＰＲ・プロモーション活動を行いました。

でも、フットボールマッチって？

中田はつねづね、自分と親しい海外のサッカー選手たちを日本に呼び、国際マッチのようなものをやりたいと考えていました。しかも、普段は高いチケットを買えないような人たちにも来てほしいと。

そうして企画されたのが、「+1フットボールマッチ」です。

まず、チケット料金を非常に安く設定して、できるだけたくさんの人に試合を見に来てもらいます。そして試合の合間に、さまざまな啓発のメッセージを伝える。みんなそれぞれ何か自分でできることをやろう、そんな、ものすごく柔らかいメッセージが「なにかできること、ひとつ。」です。

2008年6月7日、日産スタジアム。中田の呼びかけに応じた世界中のサッカー選手が13か国から23名も来日してくれました。日本からは、前園真聖や北澤豪《つよし》をはじめ、1996年のオリンピック日本代表メンバー、1998年ワールドカップ日本代表メンバーなどから、21人が参加。観客動員数は6万3143人と、Jリーグの過去最高動員数を超える大入りでした。

翌2009年、これをきっかけに「一般財団法人 TAKE ACTION FOUNDATION（テイクアクションファウンデーション）」が誕生しました。代表理事はもちろん中田です。

以降サニーサイドアップは、財団活動の一環として、サッカーを通じた地域活性化、社会貢献を目的とするフットボールマッチの開催運営支援を行ってきました。2011年の東日本大震災後には、被災地支援や海外災害支援を目的としてシンガポールやタイでも試合を開催。その収益を活用して、被災した子どもたちに練習用ジャージを寄贈しています。SDGsへのアプローチは、個人や企業によって違っていてよいのだと思います。世界的に著名なサッカー選手である中田は、中田なりの方法でそれを実践しました。

気負う必要はありません。「なにかできること、ひとつ。」です。

被災地ボランティアをすると有名ミュージシャンのライブが見られる仕組み
――RockCorps（ロックコープス）を日本に

（→目標11「住み続けられるまちづくりを」）

企業がSDGsに取り組もうとしても、CSR（企業の社会的責任）活動の予算はかなり限られているというのが現実だと思います。でも、本業ビジネスに直結する「宣伝費」扱いであれば、もう少し計上できる幅が広がるのではないでしょうか。

その方法論が実践されていたのが、サニーサイドアップが協業させていただいた「Rock Corps（ロックコープス）」という、社会貢献と音楽イベントをかけ合わせたプロジェクトです。

きっかけは、中田英寿から私に送られた一通のメールでした。

「海外ですごく話題になっている音楽フェスがあるんだよ。どこにもチケットは売っていなくて、4時間のボランティアをした人だけがチケットをもらえる。ステージに立つアーティストたちも全員が、その日までに4時間のボランティアをするんだ」

それが、私とRockCorpsとの初めての出会いでした。


RockCorpsとは、〝Give, Get Given（与えて、はじめて与えられる）〟を合言葉に、「4時間以上のボランティア活動をすると、著名アーティストのライブを無料で見られる」という仕組みの、社会貢献プロジェクトです。主催するソーシャル・プロダクション・カンパニーであるRockCorps社は2003年に米国で設立され、2005年以降、世界各地でこのプロジェクトを行っていました。過去の出演アーティストは、レディー・ガガ、リアーナ、マルーン5など超一流ぞろい。そんなすごい人たちのパフォーマンスが無料で見られるというから、驚きです。

でも、そのお金は一体どこから出ていたのでしょうか？

じつは、アメリカやヨーロッパ各国で開催されたRockCorpsには、携帯電話会社がスポンサーについていました。キャリア同士のシェア争いでしのぎを削っている携帯電話会社にとってみれば、若い利用者を増やすためにうってつけのキャンペーンだったからです。

その肝は、タッチポイント（顧客と企業との接点）の多さにありました。

携帯電話会社からすれば、「イベントを告知で知る」→「申し込む」→「どこのボランティアに行くかの算段や確認のやりとりをする」→「実際にボランティアに行く」→「ライブ当日」と、ライブ参加者（顧客）とのタッチポイントが、非常に多く用意されていました。広告効果としては絶大です。

つまりスポンサー企業としては、CSR活動の予算ではなく宣伝費名目の予算で、販売促進や企業ブランディングのみならず、SDGsへの取り組みまで達成できるということです。

一方の若者たちにしてみれば、たとえ最初の動機が「ライブをタダで見られる！」であったとしても、ボランティアに行けば、必ずや高い達成感を得られるでしょう。それによってボランティア意識が目覚め、啓発が促され、継続的なソーシャルアクションにつながることも大いに期待できます。

私たちはこのビジネススキームに感心し、ぜひ日本でやりたいと思って早速RockCorps社とのやりとりをはじめました。それが2011年のことです。

日本でRockCorpsを実現するにあたり、サニーサイドアップは協力団体とのリレーション、ボランティアプログラムの統括、コンサートの企画・運営制作、PR・プロモーション活動など、プロジェクト全体の推進を担当しました。

長い準備ののち、日本でRockCorpsが実現したのは2014年9月6日。東日本大震災の復興支援を掲げ、アジア初となる「RockCorps supported by JT」が福島県で開催されました。被災地を中心に行われたボランティアプログラムは全部で144回、参加者は4478名、総労働時間は1万7912時間。ライブの当日は4103名が集まり、コブクロ、May J.（メイ・ジェイ）、flumpool（フランプール）、Ne-Yo（ニーヨ）のパフォーマンスを楽しみました。

以降、日本の「RockCorps supported by JT」は2018年まで毎年開催。2016年からは公式アンバサダーに高橋みなみさんが就任し、2017年と2018年は幕張メッセに場所を移しての開催となりました。

無論、これほど大規模なイベントではなくとも、ＳＤＧｓ取り組みの一環として地域イベントに宣伝費扱いで協賛したり、スポンサードしたりすることで、新規顧客獲得につながるケースはたくさんあると思います。RockCorpsの事例は、一つの参考になるのではないでしょうか。

セクシュアル・マイノリティの人権を尊重するためのＰＲ活動

——TOKYO RAINBOW PRIDE（東京レインボープライド）、パートナーシップ条例をＰＲ

（→目標５「ジェンダー平等を実現しよう」）

東京都渋谷区は、ＬＧＢＴＱに関する取り組みが都内でもっとも進んでいることで知られています。その象徴が、「渋谷区男女平等及び多様性を尊重する社会を推進する条例（通称：渋谷区パートナーシップ条例）」。これは２０１５年４月に施行されました。

渋谷区パートナーシップ条例は、ＬＧＢＴＱに代表される性的マイノリティへの差別を禁止した上で、同性カップルのパートナーシップ関係を区長が証明することができる、というもの。カップルが区民・事業者・公共団体から「最大限の配慮」を保障されるのです。「最大限の配慮」とは何でしょうか。具体的には、今まで同性カップルでは叶わなかった区営・区民住宅への入居が許されたり、「家族以外は面会禁止」である病院での面会が認められたり、職場での福利厚生面において「家族」扱いされたりすることです。

同性婚自体が日本の法律で認められているわけではありません(世界では約30か国の国と地域で同性婚が合法化されています)。依然として、異性間カップルや夫婦に比べて制限されている権利はたくさんあります。しかし、同条例が日本における多様性社会の推進において、歴史的な第一歩であったことは間違いありません。

このパートナーシップ条例の提案を区議会議員時代に行い、2015年4月に渋谷区長となったのが長谷部健氏です。

じつは、長谷部氏とサニーサイドアップは、彼が区議会議員だった頃からの〝仲間〟です。「世の中を変えたい」といった思いは同じで、「TOKYO RAINBOW PRIDE」を始め、さまざまなことを一緒にやってきました。

「TOKYO RAINBOW PRIDE」とは、アジア最大級のLGBTQ関連イベントです。毎年4月末から5月頭にかけて東京都渋谷区を中心とした都内各所にて行われており、個人だけでなく、企業単位での参加も少なくありません(コロナ禍では、オンラインにて開催)。

そんな長谷部氏が区長選への出馬を表明した頃、私たちは頼まれてもいないのに、メディア取材を始めとした「パートナーシップ条例」のPRを仕掛けました。ニュースなどでご覧になった方も多いのではないでしょうか。

パートナーシップ条例が注目を浴びるようになって、世論が形成されれば、政治も動き、世の中が変わる。

このパートナーシップ条例に関するPRは、サニーサイドアップがCSRの一環としてやっているので、フィーはだれからも1円もいただいていません。その意味ではソーシャルビジネスとは言えないですし、SDGsへの取り組みとは少し様相が異なります。

しかし、それでもあえてお伝えしたいのは、「一企業の活動が政治をも動かす力を持つ」可能性があるということです。

実際に法律をつくったり変えたりするのは政治家の仕事です。しかし、「世論の追い風」を吹かせてその政治家を動かすのは、志ある個人や私たち民間企業なのです。私たち一人ひとりには、そういう力がある。私たちはそれを信じています。

福利厚生で「卵子凍結補助」「妊娠・出産に関する勉強会」
――SSU DIVERSITY LAB（社内ダイバーシティラボ）設立
（→目標5「ジェンダー平等を実現しよう」）

「TOKYO RAINBOW PRIDE」を応援していることからもおわかりのように、サニーサイドアップは以前から就業規則レベルでメンバーの多様性（ダイバーシティ）を認め合い、尊重し合うことを理念としています。

厚生労働省は2021年4月、新しい履歴書の様式例を公表し、「性別欄」で男女の選択肢を削除しましたが、サニーサイドアップでは2015年頃から、新卒・中途入社で提出していただく履歴書に性別欄を設けていません。

私たちは2015年7月、社内に「SSU DIVERSITY LAB（エスエスユー・ダイバーシティ・ラボ）」を発足しました。これは社長直轄セクションである社長室内のプロジェクト。ダイバーシティに関する社内の取り組みを、対外的に発信しようという試みです。

活動の一環として行ったのが、社内の福利厚生である「Dear WOMAN（ディアウーマン)」制度と「パートナーシップ」制度の導入でした。
「Dear WOMAN」制度とは、「卵子凍結補助」「妊娠・出産に関する勉強会の定期実施」からなります。女性社員メンバーが安心して働くための選択肢を用意すべく、立ち上げました。

「パートナーシップ」制度は、結婚・出産祝金や結婚休暇を、同性婚・事実婚の場合でも認めるもの。前項でご説明した渋谷区パートナーシップ条例の施行を受け、導入しました(なお、会社も渋谷区にあります)。

SSU DIVERSITY LAB発足のきっかけは、ニューヨークにある小さなマーケティング・コンサルティング会社である「Target 10(ターゲット10)」と知り合ったことです。同社はジョンソン・エンド・ジョンソンやGAP(ギャップ)といった大クライアントの、LGBTQに限ったマーケティングやプロモーションを行っていました。社名「Target 10」の「10」とは、セクシャルマイノリティである10%の人がターゲット、という意味です(今ではもっと増えていると思います)。

サニーサイドアップはそのTarget 10とパートナーシップ契約を結びました。そしてLGBTQマーケティングのノウハウを学ぶにあたり、まずは社内で実践しながら対外的に発信しようということで発足したのが、SSU DIVERSITY LABというわけです。

ここで大事なのは2つ。

一つは、SDGsの取り組みにあたり、特に働き方や待遇にかかわる目標——目標5「ジェンダー平等を実現しよう」、目標8「働きがいも経済成長も」——は、自社の就業規則や福利厚生面を見直したり、変えたりすることでも比較的容易に寄与できるということ。

もう一つは、ソーシャルビジネスやSDGsの取り組みにあたって、自社に専門性のない分野を手掛ける場合は、詳しい人・会社に相談したり、協業したりするのが肝要であるということです。

悩んでいるより、話を聞きに行ったほうが早い。これは私の経験則です。

毎年3月8日は「女性の日」。働く女性たちを応援する活動
——「国際女性デー」を日本で普及（→目標5「ジェンダー平等を実現しよう」）

第2章でも申し上げましたが、私自身、女性だからといって仕事上で諦めてきたことがなかったわけではありません。前項の「Dear WOMAN」制度には、働く女性が少しでも

諦めないでいいようにという願いが込められています。

それもありサニーサイドアップは、「国際女性デー（International Women's Day）」の日本での普及活動を行う一般社団法人HAPPY WOMAN（ハッピーウーマン）をサポートする形で、2018年からPR活動を行っています。


国際女性デーは、1904年にニューヨークで婦人参政権を求めたデモを起源とし、1975年、国連によって3月8日に制定されました。日本では、女性の活躍推進に寄与した企業を表彰したり、音楽祭を行って啓発したりと、様々なアクションが行われています。

たとえば、「JANAT（ジャンナッツ）」というパリの高級紅茶メーカーも、国際女性デーに対して熱心に取り組んでいらっしゃる会社です。

紅茶と女性がどうつながるのでしょうか？　じつは、スリランカで茶葉を摘んでいるのはほぼ女性。ジャンナッツとしては、彼女たちへのリスペクトの精神と、国際女性デーの理念が合致したわけです。


サニーサイドアップは3月8日を、これまた社内の福利厚生として「プレミアムウーマンデー」と定めました。その日は就業時間を15時までと推奨し、女性メンバーへの感謝を込めて、お惣菜や家事代行サービス、ヘッドスパなどをプレゼントする取り組みを実施しています。

国際女性デーに代表される国際的に知名度のあるソーシャルイベントは、ジャンナッツのように働く女性に対する企業の姿勢を対外的にアピールして、ブランディングを強化したり、イベントをきっかけとした福利厚生を導入したりといった、SDGsに直結するアクションを起こしやすいものです。

自社でイベントやプロジェクトを主導するだけがソーシャルアクションではありません。賛同できそうなソーシャルイベントに名を連ね、支援や協賛することも立派なSDGsへの取り組みなのです。

失恋休暇、恋愛勝負休暇…「楽しく働くための32の制度」を社内に設置

（→目標8「働きがいも経済成長も」）

「プレミアムウーマンデー」制度のように、私たちは、他社との協業・共創によるソーシャルビジネスに負けず劣らず、社内でのSDGs取り組みにも積極的であることがおわか

りかと思います。

なぜ、そんなにまでして社内取り組みに心血を注ぐのでしょうか。

今の時代、会社がソーシャルグッドであることが、「良い人材を確保できる鍵」と申し上げました。そのためには、会社のソーシャルグッドなビジョンが、社員にまんべんなく認知されている必要があります。

つまり、外部に向けたソーシャルグッドな活動と同じ思想を、就業規則上や社員間のコミュニケーションでも徹底させねばなりません。いわゆる、インナーコミュニケーション（会社のビジョンを浸透させることで愛社精神を上げたり、社員間コミュニケーションを活性化することで業務へのモチベーションアップをはかったりすること）です。

インナーコミュニケーションによる社員の意識改革なくして、SDGsへの取り組みは成功しません。トップや幹部だけが理念を唱えてもダメなのです。社内の福利厚生のように、社員全員が享受できることで、会社自身が身をもってSDGs取り組みの意義を伝える必要があります。

サニーサイドアップは、今までに紹介したもの以外にも、目標8「働きがいも経済成長も」に直結する、さまざまな福利厚生を実践しています。

たとえば特別休暇や有給休暇。働き方改革やワーク・ライフ・バランスが叫ばれる中、社員に適切な休みを取らせることが企業に求められています。しかし、課せられた膨大な業務を前に取得を躊躇《ちゅうちょ》したり、「上司や同僚が忙しいのに自分だけ休むなんて……」と遠慮したりしてしまうケースは、よくあること。

そこでサニーサイドアップでは、特別休暇に遊び心たっぷりの名前をつけました。「失恋休暇」「恋愛勝負休暇」なるものです。これはその名の通り、失恋した社員メンバーが傷心を癒やすため、あるいはここ一番の「勝負日」に取れる休暇です。

当たり前ですが、そもそも被雇用者の権利として、特別休暇や有給休暇の取得に理由の申告は必要ありません。ただ、ちょっとユニークな名目を付加することで、もし少しでも休暇が取得しやすくなれば御の字。そんな思いで導入しました。

実際、両休暇とも申告実績はちゃんとあります。

「失恋休暇」では、ずっとファンだった福山雅治さんが結婚してしまったから…、つい先日も、新垣結衣さんが結婚してしまったから…、という理由で申請をした人がいます。半分ジョークなのでしょうが、なかなか取りづらい休暇を消化してもらうための施策ですので、それでもいいのです。「恋愛勝負休暇」では、プロポーズするから、という理由での申請がありました。ちなみに、実際に失恋しているのか、勝負日なのかの証拠提出は求めません。あくまで、自己申告でＯＫです（笑）。

バカバカしいとお思いでしょうが、福利厚生の名前をつけるのにコストはいりませんよね。大切なのは、本書でたびたび申し上げている「啓発」です。

いくら「働き方改革だからもっと休め」と言っても、なかなか休みを取ってくれません。であれば、会社側がちょっと就業規則を書き換えることで、福利厚生に一つ、何かを加えるだけで、「そんな理由で特別休暇や有給休暇を取ってもいいんだ」ということが認知される。そこに意義があるのです。

とはいえ、私たちも試行錯誤と紆余曲折の末、今があります。

たとえば、かつて社内には「オトコドアップ制度」「オンナドアップ制度」というものがありました。

「オトコドアップ制度」は、毎月1人の男性社員メンバーが抽選で選ばれ、私と一緒にリクエストしたお店でランチができるという制度（一部からは「罰ゲームだ」とも囁《ささや》かれました……）。そして「オンナドアップ制度」は、サロンで美容施術を受けられる制度でした。が、多様性を認め合い、ＬＧＢＴＱに配慮したアクションを行う企業として、「オトコ」「オンナ」という分け方は、いかにも時代遅れです。結果、この制度は名称や内容を変更することにしました。

小さなことからでも、まずは実行してみる！ 試行錯誤を恐れないのがコツ

私は、アイデアの採用も行動も実施も、上場企業としてはかなり早いのがサニーサイドアップの取り柄だと自負しています（早すぎて叩かれたりすることもありますが）。同じように、少しでも時代に合わないと思えば、躊躇なく変えたり撤回したりするのも大事だと思います。

ＳＤＧｓに対する取り組みも、そういうスタンスでよいのではないでしょうか。１００パーセントの正しさを追い求めるあまり着手が遅れるよりは、とにかく動いてみる。それによって世の中の動きがより一層見えてきますし、微修正もしやすくなります。試行錯誤を恐れない。それが、大切だと思っています。

第5章

ビジネスと両立させる「小さな仕掛け」と「実践アイデア」

世界を変えるイノベーションも、周囲50センチの「革命」から

本書のまえがきで、「SDGs思考が求められているのは、むしろ中小企業も含めた普通の会社」であると述べました。環境省も、「SDGsは中小企業のほうが取り組みやすい」（第3章）と言っています。

とはいえ中小企業のみなさんの中には、今までCSR（企業の社会的責任）活動にたっぷり予算をつぎ込んできたような大企業じゃあるまいし、我々に何ができるの？　と気後れされている方もいらっしゃるでしょう。あるいはSDGsの17項目を前にして、一体何から手を付けていいのか戸惑ってしまっている方もいると思います。

でも、大丈夫です。まずは社内を見回して、できることから手をつけてみてください。そう、第4章でご紹介した、TAKE ACTION FOUNDATION（テイクアクションファウンデーション）による「＋1（プラスワン）」キャンペーンの、「なにかできること、ひとつ。」です。

当時、「＋1」キャンペーンのテーマをどうしようか中田と話し合った際、地球に存在

する問題があまりにも多いことを、私たちは再確認しました。そして、解決したい問題を特定の分野やテーマに絞るのが、とても困難に思えたのです。

また、ＭＤＧｓ自体の知名度も現在のＳＤＧｓほどには高くなかったので、「ＭＤＧｓ」を掲げても伝わりにくいと思いました。

その結果、いかようにも大きな意味に取れる「TAKE ACTION！（行動を起こそう！）」というキャッチフレーズをひねり出しました。

起こす行動はなんでもいい。家にいてもできる、小さなことでもいい。それが「なにかできること、ひとつ。」です。

中小企業がＳＤＧｓに取り組む際のスタンスも、それと同じだと思います。大上段に構えてカーボンオフセットやら何やらと言ったって、すぐに実行するのは難しい。普段の業務との関連性を見出すのも大変です。

とりあえず今日できることを一つ、まずやってみる。どうがんばっても、実行できることがＳＤＧｓ17項目の中の１つか２つしかなくても、悲観する必要はありません。できることから取りかかればいいのです。

みなさんは「50センチ革命」というものをご存知でしょうか？　これは、経済産業省の教育に関する有識者会議『「未来の教室」とEdTech研究会』の第一次提言に登場する言葉。「世界を変える発明やイノベーションも、目を見張るような現場のカイゼンも、気の利いた新サービスも、すべては小さな気付きを最初の一歩に変える『50センチ革命』から始まる」と説明されています。

50センチは、人間の歩幅たった一歩ぶん。ですが、どんな大変革も、その一歩の積み重ねによって起こります。50センチと言わず、自分が座っている椅子をほんの数センチ動かすだけでも、それを世界中の人が同時に実行したら、地球何周分もの移動距離に匹敵しますよね。

SDGsもソーシャルアクションも、とりあえず今日できることからスタートしてみてください。「自分一人、我々一社だけで行うんじゃない」という意識を持つことが、何よりも大切です。

ペーパーレスや紙コップ撤廃だって、立派なSDGs

たとえば、社内のペーパーレス推進。

その会議資料のコピーは、本当にその枚数が必要ですか？　1人1台ノートパソコンを持っているなら、会議中にＰＤＦファイルを開けばいいだけではないですか？　その閲覧資料は、本当に紙に出力する必要がありますか？　スキャンして全社メールで送ればいいだけではありませんか？　これらは、目標12「つくる責任、つかう責任」、目標13「気候変動に具体的な対策を」への取り組みになりますよね。

あるいは、紙コップやペットボトルの使用量削減。

社員が水を一口飲むためだけの紙コップ、来客ごとにペットボトルごと出すお茶。それらを減らすことはできませんか？　各自のマグカップや食器に代替させることはできないでしょうか？　これは、目標8「働きがいも経済成長も」、目標12「つくる責任、つかう責任」への取り組みになりますよね。

もちろん、業務に著しい支障が出るような施策を無理して行う必要はありません。ただ、ちょっとした気づき、ちょっとした社内のルール変更で取り組めることは多いのです。

「社内のそんなささやかな取り組みが、企業ブランドの向上や利益にどうつながるんだ？」と疑問に思われるでしょうか。

でも、考えてみてください。社内でそういう取り組みをすれば、社員はSDGsについて日頃から問題意識を持つようになります。そうすれば、その社員が日々取り組んでいる業務にいざSDGsの発想を取り入れようとなったとき、積極的な意見出しが期待できるでしょう。

会社としての対外的な見え方も違ってきます。「来客時にペットボトルが出されない」「アイスティーに挿さっているストローが紙ストロー」「社外の人との会議では徹底してペーパーレス」とすることで、社外の人にも「ああ、この会社はSDGsにしっかり取り組んでいるのだな」という印象を持たれます。

人は、ある注目を浴びれば意識や振る舞いもそのように変わっていくもの。社内でのささやかなSDGsへの取り組みは、社員の意識変革、行動変革をも促せるわけです。

カンボジアでの養殖事業で、SDGsを達成した福井県の企業

環境省ウェブページの「すべての企業が持続的に発展するために　―持続可能な開発目標（SDGs）活用ガイド―」には、実際の中小企業の取り組み事例が掲載されています。

たとえば、福井県越前市で設備工事業を営む「テラオライテック株式会社」（従業員数

38人）は、カンボジアで食用淡水魚（ティラピア）の養殖事業と、その収益を原資とした上下水道のインフラ整備を行うプロジェクト「National Pride」を立ち上げました。

このビジネスモデルは、

テラオライテック社が、カンボジアにティラピアの養殖事業を立ち上げる

↓

同社が、養殖事業での収益を、100％カンボジア政府に寄付

↓

カンボジア政府はそのお金で、上下水道のインフラ整備に公共投資

↓

同社が、上下水道整備の仕事を請け負う

↓

カンボジア政府が、国内の飲食事業に事業支援

↓

同社が飲食事業者に対して、養殖したティラピアを販売

というスキームになっており、各プロセスで雇用の創出や現地民のインフラ享受といった複数の課題解決が図られています。結果、達成されたSDGsの目標は多岐にわたりました。

SDGsの17目標すべてを達成した、石川県の農事組合法人

また、石川県金沢市の「農事組合法人One（わん）」は、無農薬・減農薬栽培を中心とした水稲、れんこん、にんにく、じゃがいもの生産・販売を行うたった8名の団体ですが、障害者に農作業をサポートしてもらう取り組みを行っています。

また、収穫時に発生する廃棄物の堆肥化を進めて肥料の地域内循環を実現したり、海洋プラチック問題につながるプラスチックコーティング肥料の使用を中止したりすることなどを実践しました。

さらに、ICT（情報通信技術）を活用して作業時間や農機具稼働状況を「見える化」したり、農作業のIT化を進めたりすることで、労働時間の短縮も実現したそうです。

一連の取り組みは、なんとSDGsの17目標すべてにリーチしています。

SDGsの取り組みは「PDCAサイクル」で考えてみる

ちょっと偉い肩書の管理職や取締役、あるいは社長が「じゃ、うちもSDGs推進チームを作ろうか」などと言って、とりあえず各部から1名の担当者を選出させる――。こんな方法では、なかなか積極的な取り組みにつながりません。

〝順番〟が違うからです。

まずは、御社がもともと掲げている事業理念である「何のために、何をしようとしているのか」を改めて確認してみてください。そこが、すべての根幹です。

前項で紹介したテラオライテック社は、設備工事と電気工事を事業の柱としており、「地域社会への貢献」や「お客様の快適な住環境を提供」をもともとの理念として掲げていました。この2つの理念を実践する場所が、日本国内ではなくカンボジアになった――と考えれば、じつはSDGsへの取り組みも、あくまで本業の延長上にあるものですよね。

SDGsへの取り組みとは、このようにあるべきです。

事業理念がＳＤＧｓのどの目標に接点を持っているか。それを洗い出しさえすれば、やれること、やるべきことは、おのずと絞られてくるでしょう。
その上で、自分たちの会社が社会でどうありたいか、どう見られたいかを逆算しながら、できることを絞り込んでいく。こうして、徐々に手掛けるべきアクションが具体的になっていくはずです。

ＳＤＧｓの取り組み手順については、いわゆる「ＰＤＣＡサイクル」で考えるとわかりやすいと思います。以下、環境省「すべての企業が持続的に発展するために～持続可能な開発目標（ＳＤＧｓ）活用ガイド～」を参考に、次のページにチャートとしてまとめてみました。

また、ＰＤＣＡサイクルの【ＰＬＡＮ】（取り組みへの着手）の段階において、自社の活動内容と、ＳＤＧｓの目標とを、「どのようにヒモ付けられるか」を考えることになりますが、１５２～１５３ページに掲載した、「ＳＤＧｓとのヒモ付け早見表」を参考にすると、イメージしやすくなるでしょう。

「PDCAサイクル」によるSDGsの取り組み手順

取り組みへの意思決定

・自社の企業理念を再確認し、2030 年に向けた将来のビジョンを共有する
・SDGsに取り組む意義を経営者に理解してもらい、意思決定をしてもらう
・担当者（キーパーソン）を決定し、プロジェクトチームを結成する

【PLAN】 取り組みへの着手

・ホームページや会社案内などを見直し、自社の活動内容をリストアップ
・リストアップした内容を社内で確認、活動内容に不足があれば追加
・活動内容が、「SDGsの目標」に、どのようにヒモ付けられるかを考える

【DO】 具体的な取り組みの検討、実施

・何に取り組むかを検討し、「取り組みの動機と目的」を書き出してみる
・本業としての取り組み、CSRや社会貢献として取り組みを分けて考える
・資金調達について考える（自治体によってはSDGs支援制度がある）

【CHECK】 取り組み状況の確認と評価

・経営者（社長など）も社員も積極的に巻き込んで、実際に取り組む
・実施前と比較して、実施後はどう変化したか、モニタリングする
・取り組みのプロセスで記録した結果を用いて、レポートを作成する

【ACT】 見直し

・取り組みを振り返り、対外的なアピールポイントを整理してみる
・自社のSDGsへの取り組みを、積極的に外部へ発信する（PR活動）
・次は複数のターゲットに焦点を当てて、再び取り組んでみる

SDGsとのヒモ付け早見表

分野	取り組み内容	取り組みの対象となるキーワード	ヒモ付けられるSDGs目標
エネルギー	使用量削減	省エネ　節電	7, 13
エネルギー	エネルギー転換	燃料電池　天然ガス　再生可能エネルギー	7, 13
資源	使用量削減	コピー用紙　電子媒体利用　工程転換	12
資源	利活用	再生利用　バイオマス　未利用資源（間伐材など）	12, 15
廃棄物	発生量削減	一般廃棄物　産業廃棄物　長寿命製品	12
廃棄物	3R（リデュース・リユース・リサイクル）	リターナブル容器　修理　再利用	12
大気	温室効果ガス排出量削減	CO_2　フロン　カーボン・オフセット　モーダルシフト　エコドライブ	11, 13
大気	大気汚染物質排出量削減	ばい煙（NOx、SOx）　VOC　モーダルシフト　エコドライブ	3, 11
水	使用量削減	水道使用量　節水　循環利用　中水利用　雨水利用	6
水	排水管理	下水道排水　排水処理　水質汚濁防止	6, 14

環境省「すべての企業が持続的に発展するために －持続可能な開発目標（SDGs）活用ガイド－」を元に作成

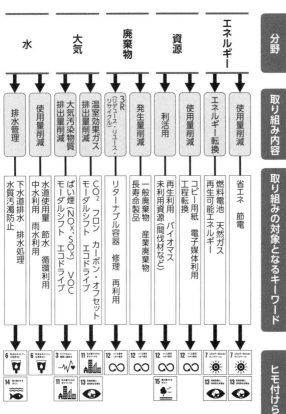

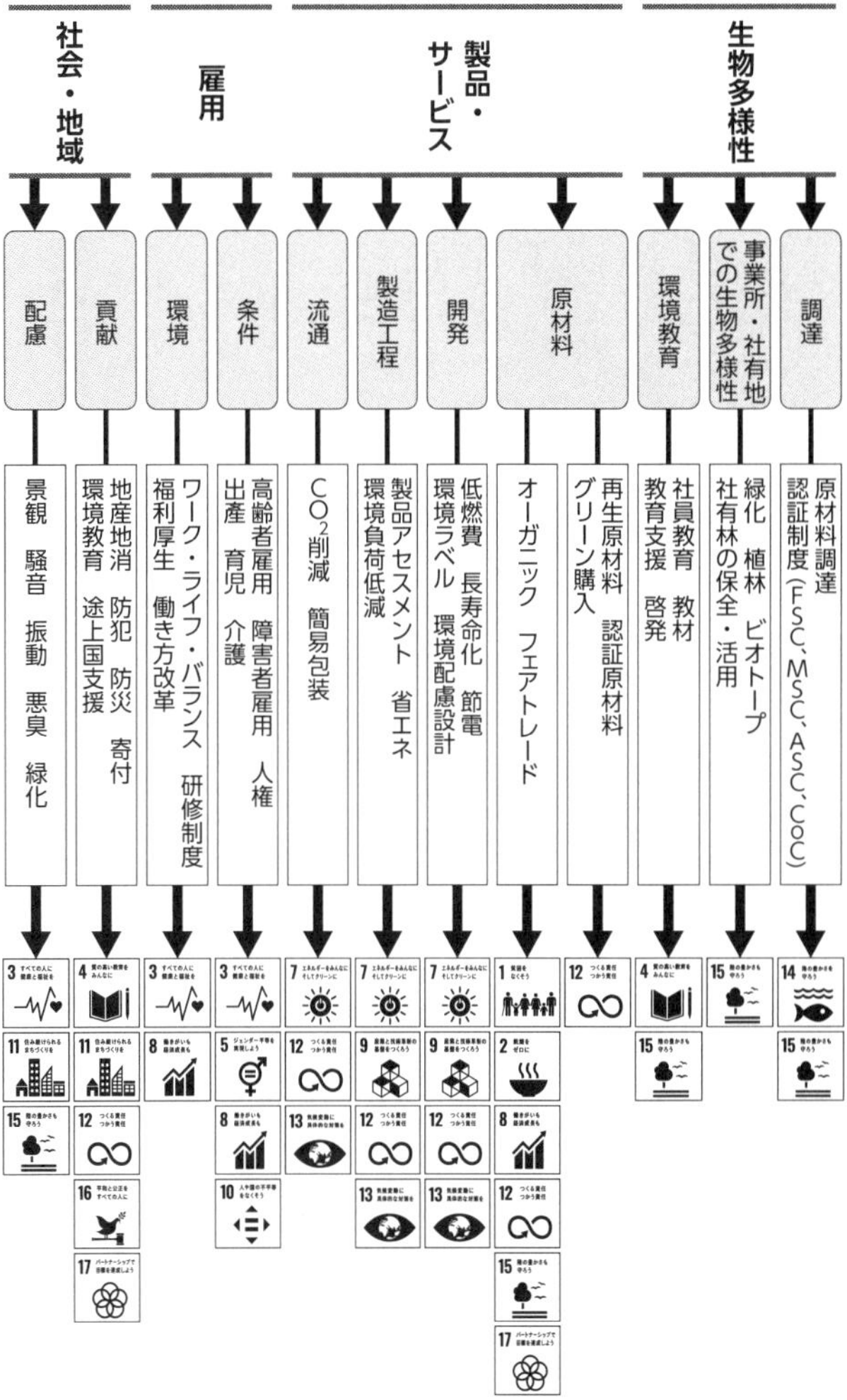

生物多様性
調達
原材料調達
認証制度（FSC、MSC、ASC、CoC）
事業所・社有地での生物多様性
緑化　植林　ビオトープ
社有林の保全・活用
環境教育
社員教育　教材
教育支援　啓発
製品・サービス
原材料
再生原材料　認証原材料
グリーン購入
オーガニック　フェアトレード
開発
低燃費　長寿命化　節電
環境ラベル　環境配慮設計
製造工程
製品アセスメント　省エネ
環境負荷低減
流通
CO2削減　簡易包装
雇用
条件
高齢者雇用　障害者雇用　人権
出産　育児　介護
環境
ワーク・ライフ・バランス　研修制度
福利厚生　働き方改革
社会・地域
貢献
地産地消　防犯　防災　寄付
環境教育　途上国支援
配慮
景観　騒音　振動　悪臭　緑化

SDGsアイコンの18個目の色は〝白〟。あなた自身が塗ろう

なんだか急に実用書のようなチャートが出てきて、ちょっと窮屈だなあ、面倒そうだなあと嫌気が差しそうになっている方に向けて、少し余談を。

以前、社内のあるSDGsに関する会議で、とある若手社員がおもしろい発言をしてくれました。

「SDGsのアイコンは17色ですが、使われてない色がありますよね。それは白です。だから〝18個目のSDGs〟を〝白〟と設定して、自分たちの思う18個目の目標を考えるというのはどうでしょうか」

これには腹落ちしました。

そういうことなのだと思います。個人にせよ中小企業にせよ、17個の目標に縛られすぎなくてもいい。結果として社会のためになっていれば。そこがSDGsの本質です。

いっそSDGsを超訳して「隣の人に優しく」くらいの意味ととらえてもよいのだと思います。実際、「ホワイトバンドプロジェクト」にしても、最終的にソーシャルアクションという名前がつきましたが、すでに申し上げた通り、着手するときの衝動は「ほっとけ

ない」であり、世の中を良くしたい、という気持ちでしかありませんでしたから。
あなたの思う「社会にいいこと」を能動的に行えば、結果としてSDGsはついてくるのです。

サニーサイドアップが考える、中小企業のための「SDGs一問一答」

ここからはより具体的に、Q&A形式で中小企業の方からの疑問にお答えしていきましょう。今までに申し上げたことと重複する点も多々あると思いますが、大事なことは何度でも言わせてください（笑）。

Q **SDGsに取り組むためには、そのための予算が必要なのでは？ そんな余裕はありません……。**

A うちだってそうです（笑）。でも、予算がないから何もできないとは思いたくない。ゼロからまったく新しい何かに取り組むということももちろん大切ですが、まずは、自社の中にある〝資産〟に、いろいろな視点から目を向けてみるのはいかがでしょうか。

じつはこれ、サニーサイドアップが生業としている「PR」の発想にも通じる方法です。PRはスポットライトの当て方一つで、モノやヒトを明るくすることも暗くすることもできるのです（第6章でも詳しく説明します）。

このようなPR視点を用いて、「自社の既存事業や既に行っている小さな取り組みが、SDGsやソーシャルアクションにどう結び付いているか」を検証してみると、古いガラクタに見えていたものが、自社の〝唯一無二の資産〟として輝き始めるかもしれません。

予算ありきではなく、まずは自社を見つめ直す視点を意識的に持つようにしてみてください。

Q 「コピー用紙に再生紙を使う」とか「ゴミの分別をする」といった地味なアクションしか思いつかないのですが……。

A それらも大事な「はじめの一歩」だと思います。もしかして、目立たない取り組みは今さら話題にもならないし、社員の意識も変わらないとお考えですか？　いえいえ、スポットライトの当て方一つで物事の見え方は変わってきます。

本章で前述した通り、サニーサイドアップではただの休暇取得ではなく、「失恋休暇」「恋愛勝負休暇」など、それぞれに固有のキャッチコピーやコンセプトの色付けを行っています。そう名付けただけで、ニュースで取り上げられたり、社員も笑いながら休暇をとったりできるようになって、有休消化率も上がりました。

再生紙やゴミの分別にしても、「どうすれば社員が自発的にアクションしたくなるか？」「世の中に発信した際に、少しでもムーブメントを起こせるような取り組みになりそうか？」といった視点で、制度にネーミングをつけてみたり、ゲーム性をもたせてみたりするのはいかがでしょうか。

Q **大規模なサプライチェーンをマネジメントする立場だったり、海外の工場を使っている大企業だったりするなら、SDGs導入のインパクトが大きいかもしれませんが、うちみたいな小さな会社がやっても……。**

A そもそもSDGsは、御社1社だけががんばれば達成できるような小さな目標値は設定してはいません。と同時に、地球に住む私たち一人ひとり（1社1社）が、ほんの少しずつ意識を変えて行動を起こせば達成できる目標です。どんなに規模が小さくても、「一歩踏み出してみる」というアクションをとる姿勢こそが重要です。

SDGsやソーシャルアクションは、「足し算」でもあり「かけ算」でもあります。「足し算」の視点では社会的なインパクトが小さいとしても、「かけ算」の視点であれば、他社や外部パートナーとの協業などを通して、その価値は何倍にもなるはず。本書で何度かご説明している「寄付」と「啓発」もそうですよね。寄付は「足し算」的視点、啓発は「かけ算」的視点です。

「かけ算」によって何十倍、何百倍にもなる「係数」を、自社がどれくらい持っているか。つまり何を一番に得意としているかを考えてみてください。

Q SDGs取り組みの号令は誰がとるべきですか？ やはり社長ですか？ それとも外部の専門家？

A トップからの一貫したメッセージの発信と陣頭指揮は、やはり重要です。欧米企業の場合、最初にトップダウンで「社会のあるべき理想像」を示した上で、それに向けて現場層がイノベーションを起こすべく一丸となって努力することが多いようですから。

とはいえ、必ずしも、トップのSDGsに対する意識が、会社でもっとも高いとは限りませんよね。ですから、一人ひとりが「情熱を持って小さな号令を出す」という意識で動き始めることもまた大切だと思います。現場社員が社長や上司を、そして外部パートナーも巻き込む意気込みで挑んでください。

自社という〝列車〟に乗り込み、どの〝目的地〟を目指したいか。どんなことが起きたら〝楽しい世の中〟になるか。いろいろと妄想を膨らませながら、まずはご自分が「やってみたい！」と前向きな気持ちになれることから始めてみるのもいいと思います。

SDGsやソーシャルアクションには、達成すべき17の〝ゴール〟が厳密に設定されていますが、それにたどり着くための〝ルール〟は多様であっていいのですから。

Q 「そのアクションがSDGsの目標にかなっているかどうか」と判断する人が社内にいない場合は、どうすればいいでしょうか。

A 自社の中だけで完結しようとせずに、外部のアドバイザーの方々を巻き込むことが重要だと思います。第4章でもご説明しましたが、私たちもLGBTQマーケティングのノウハウを学ぶために、Target 10とパートナーシップ契約を結び、SSU DIVERSITY LABの設立に至りました。

これは経験則ですが、社会貢献やSDGs関連で活動されている方は、良い意味で〝おせっかいな方〟が多いです。物怖じしないで相談してみてください。必ず道は開けます。

Q **推進チームのようなものを作るのがいいのでしょうか？　しかし「ムダな紙を使うのをやめましょう」と言ったところで、社内の理解を得られなさそうです。**

A そもそも「なぜやるのか。何のためにやるのか」という「WHY」の部分が明確でなければ、人は動きません。推進チームを作るという「HOW」はそれからです。ムダな紙を使うのをやめるだけが、ソーシャルアクションやSDGsではないはずです。自社の社会的価値をあげるためには、まずは自社の強みや得意なことが何か。どのポイントでもっとも社会と接しているのか。そういった点に目を転じてみてはいかがでしょうか。

Q 「表向きだけのSDGsだ」と消費者に批判されないかが心配です。

A いわゆるグリーンウォッシュ（うわべだけ環境に配慮しているように見せかけ、エコ意識の高い消費者に良い印象を与えようとすること）だと誤解されないか、ご心配されているのですね。でも、批判を恐れて何もやらないより、よほどましです。自分が何もやらないのに批判する人は、言う資格がありません。自分自身にできることに真摯に向き合い、実直に行動に移せばそれでいいのだと思います。

Q スマートメーターやカーシェアリング、最先端ゲノミクス、ハイブリッド車など、「60の領域」でSDGsと連動するビジネスチャンスがある、と言われています（「60の領域」については、P94〜P95参照）。しかし、うちみたいな中小企業には、どう考えても関係ある領域はなさそうで……。

A SDGsはあくまでも〝枠組み〟です。60の領域と自社の業務を強引に結びつけようとするのではなく、逆に、あなたの会社が生み出すサービスやプロダクトが「誰を幸せにしているか。誰の生活の役に立っているか」を、もう一度見つめ直してみてください。その〝誰か〟との接点を強化することのほうが、社会的なインパクトを生み出す近道になります。

Q **SDGsのアクションにはどのようなものがあるのか、アイデアを得るにはどうしたらいいですか？**

A サニーサイドアップでは、社員メンバーの一人ひとりが生活の中で〝ハッとした案件〟や〝ソーシャルグッドなアイデア〟をみんなにシェアする「ポーチドエッグ（poached egg／お湯の中に卵の中身を落として加熱したもの。落とし卵）」という名称の朝会を、月に1度開催しています。社員が知識やスキルをアップデートするために、専門家を招いたカンファレンス（大規模会議）も、始動しました。「EGG（Entertainment Group Gathering、エンタテインメントグループギャザリング）」と名付けています。いずれも、「良いインプットは良いアウトプットにつながる」という思いで活動しています。

アイデアをシェアし合うのは大きな一歩です。リアルな共有の場が難しければ、SNSでシェアするのもいいでしょう。自分が気になっている人のSNSをのぞいてみるだけでも、何かを発想するための刺激になると思います。

Q ビジネスとからめてSDGsに取り組みたいのですが、「あんたたち儲かってるんだから、ビジネスなんてケチなこと言わずに社会のためにドーンと寄付しなさいよ」と言われそうです。

A 大前提として、企業の社会的責任は「法人税」を払うことですでに果たしています。あなたの会社が儲かっているなら、莫大《ばくだい》な金額の法人税を払っていますよね。それは税収として社会のために使われますから、もうその時点で立派な社会貢献です。

やるべきは、その納めた税金が社会を良くするために使われるよう、しっかり意思表示していくこと。その意思表示こそが、SDGsへの取り組みだと認識してください。

そもそも、あなたの企業は人を雇用して給料を支払い、その人たちの生活を守っています。それもまた素晴らしい社会貢献ではないですか。誰にも文句を言われる筋合いはありません。胸を張ってください。

SDGsを始めるとっかかりは、「なんだか、かっこいいから」だっていい

本章の最後に、もう一つ、大事なことを。

社内あるいは社外でたくさんの人を巻き込むことで成立するようなSDGsプロジェクトの場合、成功率を高めるコツがあります。

それは、「かっこいい」ことです。

社会貢献とかSDGsと聞くと、ともすれば真面目に、無骨に、虚飾なく遂行すべしと考えがちですが、それでは多くの人の心を動かすことはできません。

私がホワイトバンドプロジェクトに興味を惹かれたきっかけは、ホワイトバンドの動画が「かっこよかった」からですし、日本での展開がうまくいったのも、シリコン製の白いバンドがファッショナブル、つまり「かっこよかった」から。

きっと、あれほどまでには拡散せず、啓発効果もそこまででではなかったと思います。

ご紹介した海外事例で、献血を促すための充電ケーブルが非常にスタイリッシュだった

り、「踊る信号」がいかにも動画で拡散したくなるような茶目っ気があったり、というのも同じこと。

社内で協力者を募るにしろ、ソーシャルグッドな商品やサービスを消費者に使ってもらうにしろ、デザイン一つ、クリエイティブ一つで、動く人の数は段違いに変わってきます。ぜひこの考え方を、応用していただければと思います。

第6章

伝え方が9割！
SDGs活動を
上手にPRする方法

SDGsの社内取り組みの仕上げは、「PR」すること

第5章では、SDGsの取り組み手順をPDCAサイクルに沿って説明しましたが、その最終段階でもっとも大切なのが、「外部への発信（PR活動）を行う」です。

いくら会社として心血を注いでSDGsに取り組んでも、それを外部に発信してビジネスチャンスの拡大や自社のブランディングに活用しなければ、意味がありません。

その外部発信で重要になってくるのが、私たちサニーサイドアップが本業にしている「PR」というわけです。

PR（Public Relations、パブリック・リレーションズ）とは、まだ知られていない「モノ」や「人」や「コト」の魅力を、世の中の人に伝える営みのことです。

PRの特徴は、広告との違いで考えるとわかりやすいでしょう。

広告は、メディア（マスコミをはじめとした報道機関）に対してお金を払って情報を掲載してもらう手段。つまり、テレビのCMや雑誌や新聞やネットの広告枠を、お金を出して買う必要があります。

対してPRは、メディアに「おもしろそうだから、ニュースとして取り上げよう」と思ってもらうための手段。いわば「ニュースをつくる仕事」です。

広告の場合、基本的にはお金さえ払えばどんな情報でも掲載されますが、PRはメディアに、あるいは一般の人たちに、「おもしろそう！」と思ってもらうためのたくさんの工夫が必要です。

どういう紹介の仕方をしたら、知られていないモノやコトが世の中の話題になるのか？　どうやったらみんながSNSにアップしたくなるのか？　それを考えなければなりません。

難しいといえば難しいのですが、PRがうまくいくと、莫大な広告費を払って広告を出すよりも、ずっと世の中で話題になり、たくさんの人の気持ちや、やがては行動を変えることができます。

「広告」と「PR」との関係は、「寄付」と「啓発」とに似ている

「広告」と「PR」の関係は、本書で再三述べている「寄付」と「啓発」の関係に似ているかもしれません。

ここで、280億円の寄付を集めた「ライヴ・エイド」と、11兆円の効果をもたらした

「ホワイトバンドプロジェクト」を思い出してください。自腹を切ってお金を出す寄付はたしかに直接的な経済的援助として機能しますが、寄付者の財力に大きく依存しますので、やはり限界があります。一方の啓発は、人々の考え方を変える行為。天井知らずの効果をもたらす可能性をも秘めています。前者が広告、後者がＰＲにあたるわけです。

なお、ＰＲにも、大きく2つの種類があります。

一つは、「もともとそれに関心がある人に、もっと関心を持ってもらうためのＰＲ」。もう一つは、「無関心な人に関心を持ってもらうＰＲ」です。

ＳＤＧsのＰＲは後者であるべきです。なぜなら、この世のすべての不幸は、極論すれば、人の無関心が元凶だから。

ほとんどの人間は性善説と言いますか、基本的に人は、誰かを苦しめたり、嫌な人間にはなりたくないと思って生きているはずです。でも、単に「無知であること」から、知らず知らずのうちに誰かの不幸の片棒を担いでいるケースも、少なくありません。

なにげなく使っている日用品が、開発途上国の労働搾取の産物なのかもしれません。日々運転する車の排出ガス、腐らせてしまった冷蔵庫の野菜（食品ロス）、ペットボトルや紙の大量消費なども、誰かの不幸を生んでいる可能性があります。

そういった個々の行動様式を少し見直すだけ、少し変えるだけでも、大きな変化に貢献できる。人々にそれを気づかせるのが、SDGsのPRの目的であると言えるでしょう。

真面目な活動を、「おもしろがってもらうこと」が大切

第1章でもお話ししたように、日本のマスコミは世界の諸問題をあまり報道しません。日本の大衆がそういう問題に関心がないからなのか、報道しないから関心が持てないのか（鶏なのか卵なのか）は議論されるところですが、とにかく、だからこそPRは重要なのです。

ただ、いくらみなさんの会社が社会的意義のある企業活動を行ったとしても、無味乾燥なプレスリリースを1枚出すだけでは、どのメディアも食いついてくれません。「おもしろそう」ではないからです。

真面目な取り組みなのに、「おもしろそう」だなんて不謹慎では？　と思われる方もいらっしゃるかもしれませんね。ただ、その真面目な取り組みにだって、スポットライトが当たらなければ意味がありません。

ＰＲとは、スポットライトを当てる仕事です。今はまだスポットライトが当たっていない、でも広く知らしめたらきっと世の中は変わるような「アクション」に、みんなの目を向けさせるべく知恵を絞る。それがＰＲの真髄です。

せっかくSDGsに取り組んでいても、積極的なＰＲができていない中小企業さんもありますよね。もしかするとそこには、日本人独特の意識として、自分の偉業や善行をむやみに自己アピールするのは卑しいこと、恥ずかしいことであるという謙虚さがあるかもしれません。ただ、その謙虚さはもちろん美徳ですが、度がすぎれば単なる機会損失でしかないでしょう。

何より、中小企業の、地味ではあっても真摯に取り組む姿勢が広く世に知れわたれば、ほかの中小企業が大いに触発されて、「うちでもできそうだ」と思うかもしれません。それが広がっていけば、やがて世界は動きます。

つまり、SDGsに取り組んだ企業がその取り組みを適切にＰＲすることは、自慢や売名行為などではなく、ある種の義務なのです。

それに今の時代、なにもＰＲ会社に頼まなくとも、Twitterをはじめとしたｓｎｓでいかようにも自社のアクションを発信する手段が用意されています。ちょっとしたアイデアは無料ですぐに実行できますから、気おくれすることはありません。

「待機児童問題」は改善しているのに、PR不足で損している

伝えるべきことをちゃんと伝えないと、残念なことになります。

たとえば2016年2月、保育園に落ちた母親によって書かれた「保育園落ちた日本死ね!!!」というタイトルのブログが話題となり、流行語にもなりました。あの投稿が話題になって改めて露呈《ろてい》したのは、待機児童の数のあまりの多さと、それによる共働き家庭の苦悩、そして保育施設の不足や保育士の待遇の悪さでした。

結果、政府に国民の批判が集中しましたよね。

それが現在どうなっているか、ご存知ですか？


サニーサイドアップのあるメンバーのお子さんは、上の子が10歳で下の子が5歳なのですが、「上の子と下の子では保育園の入りやすさが段違いだった」と感想をもらしていました。保育園事情はものすごく改善されている感じがある、と。

実際、２０１６年６月に「子育て安心プラン」が閣議決定されると、厚生労働省が中心となって、国は待機児童解消に向けて動き出しました。厚生労働省が２０２０年９月に発表した「保育所等関連状況取りまとめ」によると、２０１６年に２万３５５３人もいた待機児童は、２０１９年には１万６７７２人に、２０２０年には１万２４３９人にまで減少しています。まだまだ「待機児童ゼロ」とまでは行きませんが、当時の半分以下にまで改善されているのです。

しかし国のこうした努力が、保育園の入りやすさにつながっていることを、意外と一般のママたちは知らないのではないでしょうか？

なぜ、こんなことになっているのでしょうか。理由は、ＰＲが足りてないからです。世論を受け、国はそれなりに対応をしてきました。しかし、一般のレベルではそのことがあまり知られてはいません。少なくとも政府が大バッシングされたときよりも、「待機児童問題は改善されつつある」ことは知られていないのです。

私たちに言わせれば、政府は、ＰＲにまったくと言っていいほど注力していません。残念ながら要するに、ＰＲが下手なのです。

「関心を持ってもらう」には、少し頭をひねる

ＰＲの重要さがわかったところで、先ほどの話に戻りましょう。では、どうしたらメディアに「おもしろそう」だと思われて、ニュースとして取り上げてもらえるのでしょうか。じつは、あまり予算をかけることなくメディアに報道してもらえるような「ニュースをつくる」のが、サニーサイドアップの得意とするところです。

最初にお伝えしたいコツは、「メディアフック（メディアが取り上げたくなる要素、つかみ）」を見つけ出すこと。具体的には、社会がいま何に関心を持っているか、社会は今どういう潮流なのかを、注意深くとらえ続けることです。

２０２０年5月現在で言えば、世間は新型コロナウイルスの話題ばかり。であれば、社内施策として、ちょっと変わった「オンライン入社式」をやってみようとか、「ワクチン接種休暇」をつくってみようか、といった発想です。これは、目標8「働きがいも経済成長も」に含まれますね。

メディアフックのヒントは、街の中でも見つけられます。私は、都内を車で移動中、ど

こかのお店に行列ができているとそれがとても気になるので、SNSをチェックしたり、車を停めて並んでいる人に「これ、何の列ですか?」と直接聞きに行ったりすることがあります。

商売柄もありますが、そういう行列はすでにSNSで話題になっていたり、少し遅れてマスメディアが取り上げたりするものですから、決してスルーはできません。人々は、社会は、今この瞬間、何におもしろがっているのか、何に関心があるのかには、常にアンテナを張っておくのです。

もちろん、一人でアンテナを張るのは限界がありますから、そこはいろいろな人、いろいろな世代の〝集合知〟を利用すべきでしょう。第5章のQ&Aで言及した「ポーチドエッグ」のような社内情報交換会を頻繁に開催してみるのも、一つの手です。

「自社の強み」は内部の人間には見えない。「第三者」から教えてもらおう

いずれにしろ、プレスリリースに当事者(つまり御社)が「伝えたいこと」をただ生真面目に書き連ねたところで、その文章は実に無味乾燥なものとなり、メディアはまともに読んでくれません。

メディアは（良し悪しは別にして）「意義」ではなく、「好奇心」で動くからです。
プレスリリースは、御社が「伝えたいこと」ではなく、メディアが「取り上げたくなること」を書くよう意識してください。

なお、実際にリリースを作成するにあたっては、あるいはSNSで発信するにあたっては、メディアフックのある内容に、自社ならではの特色を掛け算していくとベストです。

ただ、メディアが自社のどのような特徴を「おもしろい」と思ってくれるのかは、なかなかわからないもの。

そこでおすすめしたいのが、社外の人に自社の強みや特徴を挙げてもらうことです。懇意にしている取引先や同業者に、「弊社の強みや特徴はなんですか？」と聞いてみてはいかがでしょうか。

サニーサイドアップでは、入試希望者のエントリーシート欄に、自己紹介だけでなく、仲のいい友人3人から自分の長所を書いてもらうようにしています。いわゆる「他己紹介」ですね。

自分が他人からどう見られているか、自分の活動が他人の目を通してどう見えているかを把握するのはとても大切なこと。自分の長所は、意外と自分では発見できないものなのです。

ふつうのことでも、言い方を変えるだけで、一気に注目を浴びる

ふたつ目のコツは、「言い方を工夫する」。同じ情報を発信するにしても、ちょっと工夫するだけで随分とPR効果は変わってきます。

2008年に日本上陸し、一大朝食ブームを牽引したオーストラリア発の「bills（ビルズ）」というレストランがあります。サニーサイドアップは、このbillsを日本に上陸させることから、その展開やPRまでを一貫して手がけました。

日本でまったく知名度のなかったbills。どうやってPRするか、当時の私たちは思案しました。ただ、単に「海外で人気の店が日本にオープンする」というだけでは注目されません。そんなお店は、巷《ちまた》に山ほどあって、埋もれてしまうからです。

その時、私たちのメンバーの一人が、billsの生みの親のビル・グレンジャーが紹介された「ニューヨーク・タイムズ」の小さな記事に注目しました。彼の作るスクランブルエッグがbillsの名物で、レオナルド・ディカプリオ、ナオミ・ワッツ、トム・クルーズといっ

た超ＶＩＰにも愛されているという内容。記事の見出しには、〝The Egg Master of Sydney（シドニーのエッグマスター）〟とありました。

私たちは、こう考えました。「アメリカを、そして世界を代表する新聞であるニューヨーク・タイムズが〝エッグマスター〟だと言っている人が作り、世界的なセレブが食べに来ているんだから、これはもう〝世界一の朝食〟なんじゃないか」。こうして彼を「世界一の朝食を作る男」としてＰＲしていきました。billsに行かれたことのない人でも、「世界一の朝食」というコピーだけは聞いたことがあるのではないでしょうか。

これが、言い方の工夫です。


「失恋休暇」「恋愛勝負休暇」も、本質は同じ。実際はただの特別休暇なのですが、名前を変えることで取得の促進になるばかりか、取材で取り上げてもらって話題にもなりました。

サニーサイドアップの会社案内には、この「失恋休暇」「恋愛勝負休暇」をはじめとした社内施策、ユニークな福利厚生などが、遊び心たっぷりのスゴロク形式で掲載されています。普通に文字だけで掲載するより、このほうが目にとまりますよね。これもほんのちょっとした工夫ですが、こういう積み重ねが大事なのです。

金融業界の「女性差別」を打ち破った、すごいPRとは

ある主張を広く知らしめる、メディアに報道してもらうには、どんなやり方が効果的なのか。それについて、ある種のインスピレーションを与えてくれる海外の事例があります。

２０１７年、アメリカの金融会社ステート・ストリート・グローバル・アドバイザーズは、同社が運用する「ジェンダー・ダイバーシティ・インデックス」という投資ファンド（資金運用のための金融商品）を立ち上げました。これは、女性を幹部に起用している割合が高い米国企業を組み合わせたファンドです。第3章で説明した「ＥＳＧ投資」を促すようなファンドであるとも言えましょう。

同社はこのファンドのプロモーションを、驚くべきやり方で行いました。

ニューヨークの金融街・ウォール街には「チャージング・ブル」という名の巨大な雄牛《おうし》の銅像が立っていて、ウォール街の象徴となっていますが、そこに「少女像」を設置したのです。なんと、「チャージング・ブル」の真正面に、挑戦的に向き合う形で。

少女像の名称は「Fearless Girl（恐れを知らぬ少女）」。腰に手を当てて、雄牛を睨《にら》みつけるような格好で立っています。これの意味するところは、「猛々《たけだけ》しい男性幹部たちを象徴する雄牛に対して、凛々《りり》しく立ち向かう少女」。ジェンダーバイアス（男女の役割について固定的な観念を持つこと）に対する、断固とした異議申し立てを示していました。

見事、かつチャーミングな方法だと思いませんか？　実に気がきいています。

この銅像は2017年3月8日、つまり国際女性デーの日に設置され、かなり話題になりました。今でもネットで検索すると、写真つきの記事がたくさん出てきます。

「Fearless Girl」は、世界三大広告賞の一つ、フランスの「カンヌライオンズ」で、「グラス（ジェンダー）」「PR」「アウトドア広告」の3部門でグランプリを獲得しました。

ここでちょっと、考えてみてください。「ジェンダー・ダイバーシティ・インデックス」のPRが、もしこの方法をとらなかったら、これほどまでに話題になり、これほどまでに記事として取り上げられたでしょうか？

投資ファンドのプロモーションなのですから、ニュース番組にCMを打つとか、経済紙に大きな広告を打つとか、社長インタビューを仕込むとか、投資家にダイレクトメールを送るとか、普通の方法はいくらでも考えつきますよね。でも、たぶん「Fearless Girl」ほどの効果は出なかったと思います。

「Fearless Girl」が見事だったのは、どれだけ声高に「女性幹部を増やそう！」とメディアで叫ぶよりもずっと雄弁かつシンプルに、その主張を世界中に行き渡らせた点です。当時、そこを訪れた多くの人が記念に写真を撮り、SNSに投稿することで、「Fearless Girl」の主張は拡散されていきました。「ウォール街の雄牛に対峙する少女」の写真たった1枚で、すべてを伝えたのです。

実はステート・ストリート・グローバル・アドバイザーズは世界第3位の資産運用会社で、以前から取締役会に女性が一人もいない企業の取締役選任議案に反対票を投じていました。各国の政府や機関投資家向けに約3・12兆ドル（2020年3月時点）もの資金を運用しているからこそ、できることです。

「Fearless Girl」キャンペーンから1年半で、同社が投資する企業のうち300社以上が取締役に女性を登用しました。SDGsの、目標5「ジェンダー平等を実現しよう」に多大な貢献を果たしたのです。

「無関心な人に関心を持たせる」ためには、工夫がいる

ホワイトバンドプロジェクトのあの動画にしろ、Fearless Girlにしろ、人々の心を動かすのは、居ても立ってもいられない衝動に駆られるようなエモーショナル（情熱的）なクリエイティブ（製作物）です。斬新な方法で人の注意を引く、ひとひねりもふたひねりもあるチャーミングなやり方ですよね。

一方、何かの主張を世に知らしめたいとき、正論を生真面目に、ストレートに叫び続ける方法もあります。それが悪いとは言いません。ただ、人の心を動かすのは難しいと思います。

たとえば、昔ながらの市民活動的なやり方。彼らの志がとてつもなく高く、社会問題に対する取り組みが素晴らしいということに、疑いはありません。主張されていることも100パーセント正論ですし、必死であることも認めます。

だけど、拳を振り上げ、専門用語を交えた細かいデータを並べて、ヒステリックに大声で一気に熱弁したところで、人々の心は揺れませんし、動かせません。PRという観点に限定するなら、効果的とは言いがたいでしょう。

その問題にもともと関心があって知識もある人なら「そうだ、そうだ」となるかもしれません。でも、「無関心な人に関心を持たせる」ことを第一義としたＰＲ（まさにSDGsに求められるPRもそうです）においては、むしろ逆効果であることもあります。極端な例ですが、過激な環境活動家に一般市民が抱く反発心、抵抗感に近いものが生まれてしまう。これは避けたいですね。

もう一つのＮＧは、「流行」を狙ったＰＲです。流行はたしかにものすごい注目を浴びますが、一過性の流行は短期間で「消化」されて終わってしまいます。そうではなく、消費者の習慣として「根付かせる」ことを意識しましょう。

たとえば、billsはたしかに上陸直後、大きな話題になりましたが、瞬間的な流行を狙うのではなく、次項で説明するような「スタイリッシュな朝食文化を拡大し、ライフスタイルとして根付かせる」方向に持っていったことで、「ちょっとおしゃれな店でパンケーキを食べる」行動も、日本人の若者の間で定番化しました。現に、いまだに多くの人気店が街にひしめき合っていますよね。

もう一つ、これも次項で説明しますが、数年前に登場してブームになったトマト鍋も、決して一時のキワモノ的流行ではなく、いくつかある鍋のバリエーションの一つとして一般家庭のメニューに定着しました。いずれも一時的な流行に終わらず、消費者の生活に根付いた存在となったのです。

「一時的な流行とすることなく、消費者に根付かせる」がSDGsにとって重要なのは、説明するまでもないでしょう。

SDGsで大切なのは意識し続けること。そして啓発によって気づきを与え続けること。SDGsを意識することが、取り組む企業にとっても、その企業の商品やサービスを使う消費者にとっても、「当たり前の状態」でなければなりません。当たり前の状態とは、SDGsの「S」、サステナブル（持続可能）な状態ということでもあります。

自社の商品だけでなく、ジャンル全体を盛り上げるべし

前述したbillsに関しては、「世界一の朝食」というキャッチコピーでコンセプトづくりを行い、各メディアに紹介することで話題化に成功。2008年には、シドニーのビーチを彷彿とさせる鎌倉・七里ヶ浜に、「bills」ブランド海外初出店となる「bills 七里ヶ浜」

店をオープン。オーストラリアのカジュアルなライフスタイルや、「朝食をレストランで食べる」という文化を日本に定着させました。

以降、横浜赤レンガ倉庫、お台場などベイエリアへの出店に続き、2012年に表参道・原宿というシティエリアにも出店しました。その頃には、「朝食文化」に続いて、billsの人気メニューでもあった「リコッタパンケーキ」が大きな話題になります。連日の行列が各所で報道されはじめると、それに追随していろいろなお店がパンケーキをメニューに加えたり、新店がオープンしたりしました。

彼らは当然billsの競合店ですから、billsを売り込みたい私たちとしては「似たようなパンケーキを販売するレストランができた。お客さんを取られる！」といきり立ちそうなものです。が、じつはPR的発想からすれば、まったくそうなりません。

むしろ、「待ってました！」です。

私たちは競合店が出てきたタイミングで、今度はbillsというお店単体ではなく、パンケーキ自体にもフォーカスして、「原宿パンケーキ戦争」と謳《うた》ったり、特に頼まれたりしてもいないのに競合店をどんどん紹介して、メディアでパンケーキ特集を組みました。その紹介記事の真ん中に、billsがドーンと鎮座しています。

billsだけにスポットライトを当てるのではなく、消費者をパンケーキ自体に注目させることによって、「朝食文化」に続き、「パンケーキ文化」という市場も大きくなりました。こうして、一過性の流行として消化されるのを避けたのです。

今やbillsは、国内外に複数店舗を構えるグローバルなレストランブランドにまで成長しています。朝食だけにとどまらず、アフタヌーンティーや、世界各国のフードトレンドを取り入れたディナーでも話題を呼び、「オールデイダイニング」としてのブランドを確立しました。

「トマト鍋のスープの素」のＰＲのお仕事を受けたことがあるのですが、このときも同じ発想でした。街のレストランにトマト鍋メニューを導入してもらい、数店舗、「トマト鍋が食べられるお店」ができた時点で、雑誌で特集を組んでもらったり、料理研究家の方に、アレンジしたトマト鍋を作ってもらい、料理番組で放映してもらったりすることで、まずトマト鍋というもの自体に注目してもらい、「トマト鍋市場」を作りました。その結果として、「トマト鍋のスープの素」の売り上げも上がったのです。

もっと古い話もしましょう。私のプロモーターとしての初仕事は、「吹きこぼれない鍋のフタ」でした。ただ、PRで、その鍋のフタだけを持っていったところで、メディアはなかなか取り上げてくれません。そこで、他社製のキッチンのお役立ちグッズも持っていくことで、まとめて「料理に役立つキッチングッズ特集」として取り上げてもらうことに成功しました。

このように、「1商品1サービスだけでなく、市場全体を盛り上げること」は、SDGsの取り組みのPRにも当てはめられるセオリーだと思っています。

ほかの会社と一緒に取り組むと、報道されやすい

「1商品1サービスだけでなく、市場全体を盛り上げるべし」は、SDGsのPRにそのまま適用できます。これは、ニュースとして取り上げる立場にあるテレビのディレクターや新聞記者、雑誌やウェブページの編集者などの気持ちを想像してみると、理解が早いでしょう。

たとえば、ある企業が単独でSDGsに取り組んでいたとしても、メディアとしては「その企業がSDGsに熱心である」という文脈でしか報道できません。ともすれば、特定企

業をヨイショする記事にも取られかねない（そういうことを、メディアの方々は人一倍嫌います）。だから、相当インパクトのある規模、相当奇抜なネタでなければ、進んで取り上げようとはしないでしょう。

しかし、同じ業界の複数社が一緒になって取り組んでいるとなれば、話は変わってきます。「その業界にSDGsのムーブメントが来ているんだな」とメディアの方々は考え、ニュースとして取り上げる〝必然性〟を感じるはず。

要するに、「billsが流行っている」より「スタイリッシュな朝食文化が今、大ブーム」のほうがニュースとして価値が高い、というわけです。

それに、流行っているものに飛びつきやすい日本人の性質は、PRする上で大きな追い風となります。

この国では、社会でひとたび何かが話題になると、ワイドショーも週刊誌もネットも、途端にその話題一色になりますよね。つまり日本は何かのムーブメントが起きやすい国なのです。

もっと言えば、日本人は「あの人もやっているから、私もやろう」的な啓発を仕掛けやすい、つまりソーシャルアクションにとても向いている国民であるとも言えましょう。

いずれにしろ、ＰＲ段階で同業他社同士が手を取り合うのは、メリットだらけだと覚えておいてください。

みんなで一緒に取り組んで、みんなで一緒に利益を得る

そもそも、ＳＤＧｓの取り組み自体も、同業他社同士で手を取り合うべきです。

なぜなら、ＳＤＧｓの17項目の分野はあまりにも広範、かつとても高い目標値が定められているので、一部の大企業だけが積極的に取り組んでも、２０３０年の達成は到底実現できないからです。むしろ小さな会社のささやかな取り組みであったとしても、そういう会社が何万社、何百万社集まれば、達成できる可能性はずっと上がるでしょう。

ソーシャルアクションやソーシャルビジネスは、基本的に競合他社とのシェア争いのようなものが存在しないので、協業や共創との親和性が高いとも言えます。

前項も踏まえるなら、ＰＲにおいては、別々の会社が別々に手がけている同じ方向性の取り組みを一くくりにしてアピールするもよし。取り組みにおいては、一つのプロジェクトを複数社で役割分担するもよし。いずれも、1社単独で推し進めるよりもずっと高い効果を得られるでしょう。

1＋1が2以上になる。それがSDGsです。

つまり、SDGs成功の鍵は「みんなで一緒に」。この「みんなで」からは、SDGsの共通理念である「誰一人、取り残さない」が思い起こされますよね。

改めてですが、私は、「誰一人」には、二重の意味があるように思います。

一つ本書冒頭で申し上げました。SDGsの達成によって、この地球上に住んでいる人が「誰一人」として社会的不利益を被《こうむ》らなくなること。

もう一つは、SDGsを取り組む側も「誰一人」として参加しないではすまされない、ということではないでしょうか。

「みんなで一緒に取り組んで、みんなで利益を得る」。サッカーでいえば「全員サッカー」みたいなもの。全員が攻撃、全員が守備、全員でゴールを守り、全員がシュートを打つ。

この精神を胸に、ぜひみなさんの会社でもSDGsに取り組んでみてください。

おわりに

〝なにかできること、ひとつ〟から始まった書籍づくり

「サニーサイドアップさんが手掛けてこられた、ソーシャルグッドやSDGsの活動をまとめた書籍を作りませんか?」

出版社の方からこんなご提案をいただいたのは、2020年のある秋の日。新型コロナウイルス感染症の猛威が少しばかり落ち着きを見せていた頃でした。

普段私たちが携わっているPRという仕事は、クライアント企業様の、モノ・ヒト・コトにスポットライトを当てることですから、私たちは〝黒子〟として、表舞台には出ないことを信条としてきました。この信条は「サニーサイドアップ自身の自社広報」の姿勢に

も通じていて、〝たのしいさわぎをおこしたい〟というスローガンを掲げているものの、黒子に徹するという姿勢を貫いていた私たち。お恥ずかしながらほんの数年前までは、PR会社だというのに自社の広報・PRにはまったく注力してこなかったのが正直なところでした。

そんなところに舞い込んできた、今回の書籍出版のご相談。

「たしかにソーシャルグッドに関わるプロジェクトには長年たずさわってきたけれど、今さら自分たちの話をしても誰も見向きもしないだろうし、専門家でない自分たちが語るのもおこがましいし…」

30年以上刷り込まれている〝ステイ・アット・シャドウ〟の信条が頭をよぎり、本の出版は丁重にお断りしようと考えていました。

ですが、サニーサイドアップのメンバーから言われたひと言が、出版を後押ししてくれました。

「サニーサイドアップがやってきたソーシャルアクションは、SDGsという言葉が出てくるずっと前から実行してきたことですよね。今でこそ、いろんな企業や団体が、SDGsに取り組みはじめましたけど、僕たちがどこで悩んで、どこで失敗して、どんな答えにたどり着いたのか。取り組んできたソーシャルアクションを紐《ひも》解くことで、SDGsをどうやって進めたらいいかを迷われている方々の〝小さな道しるべ〟にはなると思います。それが僕たちの、〝なにかできること、ひとつ〟。売れる本にはならないでしょうけど、たとえ少しの人だとしても、誰かの参考になるだけでも意味はあるのではないでしょうか」

売れる本にはならないでしょうが…。思わず笑ってしまいましたが、

〝なにかできること、ひとつ〟

数年ぶりに耳にしたそのフレーズに、私はハッとさせられました。

2008年の、TAKE ACTION「+《プラス》1《ワン》」キャンペーンで掲げられたこの言葉。

その頃の私は、世の中の問題を知る度に、無力を感じていました。知れば知るほど問題は大きすぎて、闇が深すぎて、一企業や一個人が動いたところで世の中なんて変わらないんじゃないかと。

でも、キャンペーンの発起人であった中田英寿が私に言いました。

「そりゃ一人ひとりができることは小さいけれど、その小さなひとつがたくさん集まれば、それってすごくない？　何もしないよりいいんだよ」

あのキャンペーンから12年が経った今でも、相変わらず私たちには大それたことなど出来ません。でも年々、一回きりの人生なら多少は世の中の役に立ちたいな、子どもたちにとって誇れる親でいたいな、やっぱりこの先の世の中は今より良くなったらいいな、仕事するのなら少しだけでも世の中の役に立ちたいな、という思いが、一層大きくなってきました。

そう、だからこの本は今の私たちにとっての〝なにかできること、ひとつ〟の一つなのです。

私たちが取り組む、新たなアクション

話は変わって、少しだけ昔話をさせてください。

私がこの会社を始めたのは1985年。まだ17歳の時でした。(計算はしないように…笑)中野にある小さなマンションの一室で、たった3人からのスタートでした。

PRという言葉の意味も知らない高校生が見よう見まねで仕事を始め、「このヒトやモノの魅力を世の中に知らせたい!」という気持ちと行動力だけを頼りに走り続け、丸36年。

この書籍でもご紹介したホワイトバンドプロジェクト、TAKE ACTION「+1」キャンペーン、カーボンオフセット年賀状など、さまざまなソーシャルアクションにもたずさわり、曲がりなりにも企業として成長を続けてくることができました。

その歩みは、この書籍の副題にもある「社会貢献とビジネスの両立」を考える道のりそのものだったのかも知れません。

今振り返れば、すべてにおいて100点満点の「正解」を出せたわけではありません。

ですが、どのプロジェクトも「世の中を変えるための、私たちなりのチャレンジ」だったことは確かです。

時は流れて、２０２１年。

皮肉にも未知のウイルスが一つのきっかけとなり、世界中でパラダイムシフトが起こっています。時代のキーワードは「成長」から「成熟」に、「即時性」から「持続性」へと変化し始めているのを肌で感じています。

時を同じくして、ＳＤＧｓ目標達成期限の２０３０年まで、残り10年を切りました。

まだ10年もある。もう10年しかない。とらえ方は人それぞれかもしれません。

そんな中、私たちは社会変革のスピードを加速するために、新たなアクションに取り組み始めました。少しだけ、この場を借りてご紹介させてください。

サニーサイドアップグループではこの２０２１年7月に、「ソーシャルグッド推進室」を新たに設立しました。「Something Good ～なにかできること、ひとつ～」をコンセプトに、ＰＲのノウハウと知見を通して社会課題を解決するアクションを生み出していく部署です。

PRやコミュニケーションに携わる私たちは、世の中の仕組みを変えるような革新的な商品やサービスを生み出すことはできません。地球環境や社会に直接的な影響を与えることも難しいでしょう。

それでも、世の中を変えようとするさまざまな企業・団体・個人の方々とタッグを組み、PRの力を使って世の中に発信すれば、世の中を少しでも良くすることができるんじゃないか。全員が「なにかできること、ひとつ」を持ち寄れば、世の中は一気に変わるんじゃないか。そんな思いで、このソーシャルグッド推進室を立ち上げました。

SDGsも含めて、社会変革を促すようなアクションは、一企業の活動だけで実現できるものではありません。そして、現代社会の「当たり前」とも言えるような事業・サービスや仕組みは、いずれも始めは小さなアイデアから生まれたものです。

時代がダイナミックに変わりつつある今、私たちの思いに共感いただける方々と一緒に、「社会を変える、次の時代の当たり前」をつくっていきたいと思います。

2030年。今の17歳が大人になる頃には

私が会社を始めた17歳の頃は、世界がここまで変革するとは思ってもみませんでした。

そして、「Z世代」とも呼ばれる今の17歳には、この世界はどう見えているのでしょうか。

彼・彼女たちが大人になる2030年には、どんな世界が待っているのでしょうか。

答えは誰にも分かりません。ただ一つ確信を持って言えるのは、未来は〝今日から〟しか変えることができないということです。

貧困や格差・差別、ジェンダー、教育、そして環境問題…。私たちが住む地球には、まだまだたくさんの課題があるのが現実です。ニュースサイトを開けば、ずっしりと心が重くなるような話題だけが並ぶ日もあります。それでも、社会課題解決への道は、ほかならぬ〝人の知恵〟と、それに続く〝人の行動〟しかありません。

なにかできること、ひとつ。どんなに小さなことでも構いません。この本を読んでいただいた方が、未来を変えるための一歩を踏み出していただけたら、これほど嬉しいことはありません。

最後にはなりますが、優しい笑顔で最後まで伴走いただいた青春出版社の赤羽秀是さん、根気強くまとめてくださったライターの稲田豊史さん、出会いのきっかけから出版までサポートいただいた松田祐子さん、ありがとう。共に筆を執ってくれた弊社共同代表の渡邊徳人くんと社長室メンバー、そしてまさに私の家族であるサニーサイドアップのグループのメンバーのみんな、ありがとう。そして、最後までお付き合いいただいた読者のみなさま、本当にありがとうございました。

さあ、この本を閉じた瞬間こそが、新しいチャレンジへの始まりです。
私たちの踏み出す小さな一歩が、少しでも明るい2030年へとつながることを願って。

『2030年を生き抜く会社のSDGs』共同執筆者
株式会社サニーサイドアップグループ　代表取締役　次原 悦子／渡邊 徳人
株式会社サニーサイドアップグループ　社長室メンバー
（本書籍は、右記の3者の原稿を元に構成されております）

巻末付録

2030年までを年限とする SDGs「17の目標」と「169のターゲット」

※数字のみのターゲットは「具体的な目標」を、アルファベットを含むターゲットは「実施する手段」を表しています。
※外務省「持続可能な開発のための2030アジェンダ 仮訳」、環境省「すべての企業が持続的に発展するために　～持続可能な開発目標(SDGs)活用ガイド～」に準じています。

目標1 貧困をなくそう

あらゆる場所のあらゆる形態の貧困を終わらせる

ターゲット

1.1　2030年までに、現在1日1.25ドル未満で生活する人々と定義されている極度の貧困をあらゆる場所で終わらせる。

1.2　2030年までに、各国定義によるあらゆる次元の貧困状態にある、すべての年齢の男性、女性、子どもの割合を半減させる。

1.3　各国において最低限の基準を含む適切な社会保護制度及び対策を実施し、2030年までに貧困層及び脆弱層に対し十分な保護を達成する。

1.4　2030年までに、貧困層及び脆弱層をはじめ、すべての男性及び女性が、基礎的サービスへのアクセス、土地及びその他の形態の財産に対する所有権と管理権限、相続財産、天然資源、適切な新技術、マイクロファイナンスを含む金融サービスに加え、経済的資源についても平等な権利を持つことができるように確保する。

1.5　2030年までに、貧困層や脆弱な状況にある人々の強靱性（レジリエンス）を構築し、気候変動に関連する極端な気象現象やその他の経済、社会、環境的ショックや災害に暴露や脆弱性を軽減する。

1.a　あらゆる次元での貧困を終わらせるための計画や政策を実施するべく、後発開発途上国をはじめとする開発途上国に対して適切かつ予測可能な手段を講じるため、開発協力の強化などを通じて、さまざまな供給源からの相当量の資源の動員を確保する。

1.b　貧困撲滅のための行動への投資拡大を支援するため、国、地域及び国際レベルで、貧困層やジェンダーに配慮した開発戦略に基づいた適正な政策的枠組みを構築する。

目標2 飢餓をゼロに

飢餓を終わらせ、食料安全保障及び栄養改善を実現し、持続可能な農業を促進する

ターゲット

2.1　飢餓を撲滅し、安全で栄養のある食料を得られるようにする2030年までに、飢餓を撲滅し、すべての人々、特に貧困層及び幼児を含む脆弱な立場にある人々が一年中安全かつ栄養のある食料を十分得られるようにする。

2.2　栄養不良をなくし、妊婦や高齢者等の栄養ニーズに対処する5歳未満の子どもの発育阻害や消耗性疾患について国際的に合意されたターゲットを2025年までに達成するなど、2030年までにあらゆる形態の栄養不良を解消し、若年女子、妊婦・授乳婦及び高齢者の栄養ニーズへの対処を行う。

2.3　小規模食料生産者の農業生産性と所得を倍増させる2030年までに、土地、その他の生産資源や、投入財、知識、金融サービス、市場及び高付加価値化や非農業雇用の機会への確実かつ平等なアクセスの確保などを通じて、女性、先住民、家族農家、牧畜民及び漁業者をはじめとする小規模食料生産者の農業生産性及び所得を倍増させる。

2.4　持続可能な食料生産システムを確保し、強靭な農業を実践する2030年までに、生産性を向上させ、生産量を増やし、生態系を維持し、気候変動や極端な気象現象、干ばつ、洪水及びその他の災害に対する適応能力を向上させ、漸進的に土地と土壌の質を改善させるような、持続可能な食料生産システムを確保し、強靭（レジリエント）な農業を実践する。

2.5　食料生産に関わる動植物の遺伝的多様性を維持し、遺伝資源等へのアクセスと、得られる利益の公正・衡平に配分する2020年までに、国、地域及び国際レベルで適正に管理及び多様化された種子・植物バンクなども通じて、種子、栽培植物、飼育・家畜化された動物及びこれらの近縁野生種の遺伝的多様性を維持し、国際的合意に基づき、遺伝資源及びこれに関連する伝統的な知識へのアクセス及びその利用から生じる利益の公正かつ衡平な配分を促進する。

2.a　開発途上国の農業生産能力向上のための投資を拡大する開発途上国、特に後発開発途上国における農業生産能力向上のために、国際協力の強化などを通じて、農村インフラ、農業研究・普及サービス、技術開発及び植物・家畜のジーン・バンクへの投資の拡大を図る。

2.b　世界の農産物市場における貿易制限や歪みを是正・防止するドーハ開発ラウンドの決議に従い、すべての形態の農産物輸出補助金及び同等の効果を持つすべての輸出措置の並行的撤廃などを通じて、世界の農産物市場における貿易制限や歪みを是正及び防止する。

2.c　食料市場の適正な機能を確保し、食料備蓄などの市場情報へのアクセスを容易にする食料価格の極端な変動に歯止めをかけるため、食料市場及びデリバティブ市場の適正な機能を確保するための措置を講じ、食料備蓄などの市場情報への適時のアクセスを容易にする。

3 すべての人に健康と福祉を

目標3 すべての人に健康と福祉を

あらゆる年齢のすべての人々の健康的な生活を確保し、福祉を促進する

ターゲット

3.1 2030年までに、世界の妊産婦の死亡率を出生10万人当たり70人未満に削減する。

3.2 すべての国が新生児死亡率を少なくとも出生1,000件中12件以下まで減らし、5歳以下死亡率を少なくとも出生1,000件中25件以下まで減らすことを目指し、2030年までに、新生児及び5歳未満児の予防可能な死亡を根絶する。

3.3 2030年までに、エイズ、結核、マラリア及び顧みられない熱帯病といった伝染病を根絶するとともに肝炎、水系感染症及びその他の感染症に対処する。

3.4 2030年までに、非感染性疾患による若年死亡率を、予防や治療を通じて3分の1減少させ、精神保健及び福祉を促進する。

3.5 薬物乱用やアルコールの有害な摂取を含む、物質乱用の防止・治療を強化する。

3.6 2020年までに、世界の道路交通事故による死傷者を半減させる。

3.7 2030年までに、家族計画、情報・教育及び性と生殖に関する健康の国家戦略・計画への組み入れを含む、性と生殖に関する保健サービスをすべての人々が利用できるようにする。

3.8 すべての人々に対する財政リスクからの保護、質の高い基礎的な保健サービスへのアクセス及び安全で効果的かつ質が高く安価な必須医薬品とワクチンへのアクセスを含む、ユニバーサル・ヘルス・カバレッジ（UHC）を達成する。

3.9 2030年までに、有害化学物質、ならびに大気、水質及び土壌の汚染による死亡及び疾病の件数を大幅に減少させる。

3.a すべての国々において、たばこの規制に関する世界保健機関枠組条約の実施を適宜強化する。

3.b 主に開発途上国に影響を及ぼす感染性及び非感染性疾患のワクチン及び医薬品の研究開発を支援する。また、知的所有権の貿易関連の側面に関する協定（TRIPS協定）及び公衆の健康に関するドーハ宣言に従い、安価な必須医薬品及びワクチンへのアクセスを提供する。同宣言は公衆衛生保護及び、特にすべての人々への医薬品のアクセス提供にかかわる「知的所有権の貿易関連の側面に関する協定（TRIPS協定）」の柔軟性に関する規定を最大限に行使する開発途上国の権利を確約したものである。

3.c 開発途上国、特に後発開発途上国及び小島嶼開発途上国において保健財政及び保健人材の採用、能力開発・訓練及び定着を大幅に拡大させる。

3.d すべての国々、特に開発途上国の国家・世界規模な健康危険因子の早期警告、危険因子緩和及び危険因子管理のための能力を強化する。

目標4 質の高い教育をみんなに

すべての人々への包摂的かつ公正な質の高い教育を提供し、生涯学習の機会を促進する

ターゲット

4.1　2030年までに、すべての子どもが男女の区別なく、適切かつ効果的な学習成果をもたらす、無償かつ公正で質の高い初等教育及び中等教育を修了できるようにする。

4.2　2030年までに、すべての子どもが男女の区別なく、質の高い乳幼児の発達・ケア及び就学前教育にアクセスすることにより、初等教育を受ける準備が整うようにする。

4.3　2030年までに、すべての人々が男女の区別なく、手の届く質の高い技術教育・職業教育及び大学を含む高等教育への平等なアクセスを得られるようにする。

4.4　2030年までに、技術的・職業的スキルなど、雇用、働きがいのある人間らしい仕事及び起業に必要な技能を備えた若者と成人の割合を大幅に増加させる。

4.5　2030年までに、教育におけるジェンダー格差を無くし、障害者、先住民及び脆弱な立場にある子どもなど、脆弱層があらゆるレベルの教育や職業訓練に平等にアクセスできるようにする。

4.6　2030年までに、すべての若者及び大多数（男女ともに）の成人が、読み書き能力及び基本的計算能力を身に付けられるようにする。

4.7　2030年までに、持続可能な開発のための教育及び持続可能なライフスタイル、人権、男女の平等、平和及び非暴力的文化の推進、グローバル・シチズンシップ、文化多様性と文化の持続可能な開発への貢献の理解の教育を通して、全ての学習者が、持続可能な開発を促進するために必要な知識及び技能を習得できるようにする。

4.a　子ども、障害及びジェンダーに配慮した教育施設を構築・改良し、すべての人々に安全で非暴力的、包摂的、効果的な学習環境を提供できるようにする。

4.b　2020年までに、開発途上国、特に後発開発途上国及び小島嶼開発途上国、ならびにアフリカ諸国を対象とした、職業訓練、情報通信技術（ICT）、技術・工学・科学プログラムなど、先進国及びその他の開発途上国における高等教育の奨学金の件数を全世界で大幅に増加させる。

4.c　2030年までに、開発途上国、特に後発開発途上国及び小島嶼開発途上国における教員研修のための国際協力などを通じて、質の高い教員の数を大幅に増加させる。

目標5 ジェンダー平等を実現しよう

ジェンダー平等を達成し、すべての女性及び女児の能力強化を行う

ターゲット

5.1 あらゆる場所におけるすべての女性及び女児に対するあらゆる形態の差別を撤廃する。

5.2 人身売買や性的、その他の種類の搾取など、すべての女性及び女児に対する、公共・私的空間におけるあらゆる形態の暴力を排除する。

5.3 未成年者の結婚、早期結婚、強制結婚及び女性器切除など、あらゆる有害な慣行を撤廃する。

5.4 公共のサービス、インフラ及び社会保障政策の提供、ならびに各国の状況に応じた世帯・家族内における責任分担を通じて、無報酬の育児・介護や家事労働を認識・評価する。

5.5 政治、経済、公共分野でのあらゆるレベルの意思決定において、完全かつ効果的な女性の参画及び平等なリーダーシップの機会を確保する。

5.6 国際人口・開発会議（ICPD）の行動計画及び北京行動綱領、ならびにこれらの検証会議の成果文書に従い、性と生殖に関する健康及び権利への普遍的アクセスを確保する。

5.a 女性に対し、経済的資源に対する同等の権利、ならびに各国法に従い、オーナーシップ及び土地その他の財産、金融サービス、相続財産、天然資源に対するアクセスを与えるための改革に着手する。

5.b 女性の能力強化促進のため、ICTをはじめとする実現技術の活用を強化する。

5.c ジェンダー平等の促進、ならびにすべての女性及び女子のあらゆるレベルでの能力強化のための適正な政策及び拘束力のある法規を導入・強化する。

目標6 安全な水とトイレを世界中に

すべての人々の水と衛生の利用可能性と持続可能な管理を確保する

ターゲット

6.1 2030年までに、すべての人々の、安全で安価な飲料水の普遍的かつ衡平なアクセスを達成する。

6.2 2030年までに、すべての人々の、適切かつ平等な下水施設・衛生施設へのアクセスを達成し、野外での排泄をなくす。女性及び女児、ならびに脆弱な立場にある人々のニーズに特に注意を払う。

6.3 2030年までに、汚染の減少、投棄の廃絶と有害な化学物・物質の放出の最小化、未処理の排水の割合半減及び再生利用と安全な再利用の世界的規模で大幅に増加させることにより、水質を改善する。

6.4 2030年までに、全セクターにおいて水利用の効率を大幅に改善し、淡水の持続可能な採取及び供給を確保し水不足に対処するとともに、水不足に悩む人々の数を大幅に減少させる。

6.5 2030年までに、国境を越えた適切な協力を含む、あらゆるレベルでの統合水資源管理を実施する。

6.6 2020年までに、山地、森林、湿地、河川、帯水層、湖沼を含む水に関連する生態系の保護・回復を行う。

6.a 2030年までに、集水、海水淡水化、水の効率的利用、排水処理、リサイクル・再利用技術を含む開発途上国における水と衛生分野での活動と計画を対象とした国際協力と能力構築支援を拡大する。

6.b 水と衛生の管理向上における地域コミュニティの参加を支援・強化する。

目標7 エネルギーをみんなに、そしてクリーンに

すべての人々の、安価かつ信頼できる持続可能な近代的エネルギーへのアクセスを確保する

ターゲット

7.1　2030年までに、安価かつ信頼できる現代的エネルギーサービスへの普遍的アクセスを確保する。

7.2　2030年までに、世界のエネルギーミックスにおける再生可能エネルギーの割合を大幅に拡大させる。

7.3　2030年までに、世界全体のエネルギー効率の改善率を倍増させる。

7.a　2030年までに、再生可能エネルギー、エネルギー効率及び先進的かつ環境負荷の低い化石燃料技術などのクリーンエネルギーの研究及び技術へのアクセスを促進するための国際協力を強化し、エネルギー関連インフラとクリーンエネルギー技術への投資を促進する。

7.b　2030年までに、各々の支援プログラムに沿って開発途上国、特に後発開発途上国及び小島嶼開発途上国、内陸開発途上国のすべての人々に現代的で持続可能なエネルギーサービスを供給できるよう、インフラ拡大と技術向上を行う。

目標8 働きがいも経済成長も

包摂的かつ持続可能な経済成長及びすべての人々の完全かつ生産的な雇用と働きがいのある人間らしい雇用（ディーセント・ワーク）を促進する

ターゲット

8.1　各国の状況に応じて、一人当たり経済成長率を持続させる。特に後発開発途上国は少なくとも年率7%の成長率を保つ。

8.2　高付加価値セクターや労働集約型セクターに重点を置くことなどにより、多様化、技術向上及びイノベーションを通じた高いレベルの経済生産性を達成する。

8.3　生産活動や適切な雇用創出、起業、創造性及びイノベーションを支援する開発重視型の政策を促進するとともに、金融サービスへのアクセス改善などを通じて中小零細企業の設立や成長を奨励する。

8.4　2030年までに、世界の消費と生産における資源効率を漸進的に改善させ、先進国主導の下、持続可能な消費と生産に関する10年計画枠組みに従い、経済成長と環境悪化の分断を図る。

8.5　2030年までに、若者や障害者を含むすべての男性及び女性の、完全かつ生産的な雇用及び働きがいのある人間らしい仕事、ならびに同一労働同一賃金を達成する。

8.6　2020年までに、就労、就学及び職業訓練のいずれも行っていない若者の割合を大幅に減らす。

8.7　強制労働を根絶し、現代の奴隷制、人身売買を終らせるための緊急かつ効果的な措置の実施、最悪な形態の児童労働の禁止及び撲滅を確保する。2025年までに児童兵士の募集と使用を含むあらゆる形態の児童労働を撲滅する。

8.8　移住労働者、特に女性の移住労働者や不安定な雇用状態にある労働者など、すべての労働者の権利を保護し、安全・安心な労働環境を促進する。

8.9　2030年までに、雇用創出、地方の文化振興・産品販促につながる持続可能な観光業を促進するための政策を立案し実施する。

8.10　国内の金融機関の能力を強化し、すべての人々の銀行取引、保険及び金融サービスへのアクセスを促進・拡大する。

8.a　後発開発途上国への貿易関連技術支援のための拡大統合フレームワーク（EIF）などを通じた支援を含む、開発途上国、特に後発開発途上国に対する貿易のための援助を拡大する。

8.b　2020年までに、若年雇用のための世界的戦略及び国際労働機関（ILO）の仕事に関する世界協定の実施を展開・運用化する。

目標9 産業と技術革新の基盤をつくろう

強靱（レジリエント）なインフラ構築、包摂的かつ持続可能な産業化の促進及びイノベーションの推進を図る

ターゲット

9.1　すべての人々に安価で公平なアクセスに重点を置いた経済発展と人間の福祉を支援するために、地域・越境インフラを含む質の高い、信頼でき、持続可能かつ強靱（レジリエント）なインフラを開発する。

9.2　包摂的かつ持続可能な産業化を促進し、2030年までに各国の状況に応じて雇用及びGDPに占める産業セクターの割合を大幅に増加させる。後発開発途上国については同割合を倍増させる。

9.3　特に開発途上国における小規模の製造業その他の企業の、安価な資金貸付などの金融サービスやバリューチェーン及び市場への統合へのアクセスを拡大する。

9.4　2030年までに、資源利用効率の向上とクリーン技術及び環境に配慮した技術・産業プロセスの導入拡大を通じたインフラ改良や産業改善により、持続可能性を向上させる。すべての国々は各国の能力に応じた取組を行う。

9.5　2030年までにイノベーションを促進させることや100万人当たりの研究開発従事者数を大幅に増加させ、また官民研究開発の支出を拡大させるなど、開発途上国をはじめとするすべての国々の産業セクターにおける科学研究を促進し、技術能力を向上させる。

9.a　アフリカ諸国、後発開発途上国、内陸開発途上国及び小島嶼開発途上国への金融・テクノロジー・技術の支援強化を通じて、開発途上国における持続可能かつ強靱（レジリエント）なインフラ開発を促進する。

9.b　産業の多様化や商品への付加価値創造などに資する政策環境の確保などを通じて、開発途上国の国内における技術開発、研究及びイノベーションを支援する。

9.c　後発開発途上国において情報通信技術へのアクセスを大幅に向上させ、2020年までに普遍的かつ安価なインターネット・アクセスを提供できるよう図る。

目標10 人や国の不平等をなくそう

各国内及び各国間の不平等を是正する

ターゲット

10.1 2030年までに、各国の所得下位40%の所得成長率について、国内平均を上回る数値を漸進的に達成し、持続させる。

10.2 2030年までに、年齢、性別、障害、人種、民族、出自、宗教、あるいは経済的地位その他の状況に関わりなく、すべての人々の能力強化及び社会的、経済的及び政治的な包含を促進する。

10.3 差別的な法律、政策及び慣行の撤廃、ならびに適切な関連法規、政策、行動の促進などを通じて、機会均等を確保し、成果の不平等を是正する。

10.4 税制、賃金、社会保障政策をはじめとする政策を導入し、平等の拡大を漸進的に達成する。

10.5 世界金融市場と金融機関に対する規制とモニタリングを改善し、こうした規制の実施を強化する。

10.6 地球規模の国際経済・金融制度の意思決定における開発途上国の参加や発言力を拡大させることにより、より効果的で信用力があり、説明責任のある正当な制度を実現する。

10.7 計画に基づき良く管理された移民政策の実施などを通じて、秩序のとれた、安全で規則的かつ責任ある移住や流動性を促進する。

10.a 世界貿易機関（WTO）協定に従い、開発途上国、特に後発開発途上国に対する特別かつ異なる待遇の原則を実施する。

10.b 各国の国家計画やプログラムに従って、後発開発途上国、アフリカ諸国、小島嶼開発途上国及び内陸開発途上国を始めとする、ニーズが最も大きい国々への、政府開発援助（ODA）及び海外直接投資を含む資金の流入を促進する。

10.c 2030年までに、移住労働者による送金コストを3%未満に引き下げ、コストが5%を越える送金経路を撤廃する。

目標11 住み続けられるまちづくりを

包摂的で安全かつ強靱（レジリエント）で持続可能な都市及び人間居住を実現する

ターゲット

11.1 2030年までに、すべての人々の、適切、安全かつ安価な住宅及び基本的サービスへのアクセスを確保し、スラムを改善する。

11.2 2030年までに、脆弱な立場にある人々、女性、子ども、障害者及び高齢者のニーズに特に配慮し、公共交通機関の拡大などを通じた交通の安全性改善により、すべての人々に、安全かつ安価で容易に利用できる、持続可能な輸送システムへのアクセスを提供する。

11.3 2030年までに、包摂的かつ持続可能な都市化を促進し、すべての国々の参加型、包摂的かつ持続可能な人間居住計画・管理の能力を強化する。

11.4 世界の文化遺産及び自然遺産の保護・保全の努力を強化する。

11.5 2030年までに、貧困層及び脆弱な立場にある人々の保護に焦点をあてながら、水関連災害などの災害による死者や被災者数を大幅に削減し、世界の国内総生産比で直接的経済損失を大幅に減らす。

11.6 2030年までに、大気の質及び一般並びにその他の廃棄物の管理に特別な注意を払うことによるものを含め、都市の一人当たりの環境上の悪影響を軽減する。

11.7 2030年までに、女性、子ども、高齢者及び障害者を含め、人々に安全で包摂的かつ利用が容易な緑地や公共スペースへの普遍的アクセスを提供する。

11.a 各国・地域規模の開発計画の強化を通じて、経済、社会、環境面における都市部、都市周辺部及び農村部間の良好なつながりを支援する。

11.b 2020年までに、包含、資源効率、気候変動の緩和と適応、災害に対する強靱さ（レジリエンス）を目指す総合的政策及び計画を導入・実施した都市及び人間居住地の件数を大幅に増加させ、仙台防災枠組2015-2030に沿って、あらゆるレベルでの総合的な災害リスク管理の策定と実施を行う。

11.c 財政的及び技術的な支援などを通じて、後発開発途上国における現地の資材を用いた、持続可能かつ強靱（レジリエント）な建造物の整備を支援する。

目標12 つくる責任、つかう責任

持続可能な生産消費形態を確保する

ターゲット

12.1 開発途上国の開発状況や能力を勘案しつつ、持続可能な消費と生産に関する10年計画枠組み（10YFP）を実施し、先進国主導の下、すべての国々が対策を講じる。

12.2 2030年までに天然資源の持続可能な管理及び効率的な利用を達成する。

12.3 2030年までに小売・消費レベルにおける世界全体の一人当たりの食料の廃棄を半減させ、収穫後損失などの生産・サプライチェーンにおける食品ロスを減少させる。

12.4 2020年までに、合意された国際的な枠組みに従い、製品ライフサイクルを通じ、環境上適正な化学物質やすべての廃棄物の管理を実現し、人の健康や環境への悪影響を最小化するため、化学物質や廃棄物の大気、水、土壌への放出を大幅に削減する。

12.5 2030年までに、廃棄物の発生防止、削減、再生利用及び再利用により、廃棄物の発生を大幅に削減する。

12.6 特に大企業や多国籍企業などの企業に対し、持続可能な取り組みを導入し、持続可能性に関する情報を定期報告に盛り込むよう奨励する。

12.7 国内の政策や優先事項に従って持続可能な公共調達の慣行を促進する。

12.8 2030年までに、人々があらゆる場所において、持続可能な開発及び自然と調和したライフスタイルに関する情報と意識を持つようにする。

12.a 開発途上国に対し、より持続可能な消費・生産形態の促進のための科学的・技術的能力の強化を支援する。

12.b 雇用創出、地方の文化振興・産品販促につながる持続可能な観光業に対して持続可能な開発がもたらす影響を測定する手法を開発・導入する。

12.c 開発途上国の特別なニーズや状況を十分考慮し、貧困層やコミュニティを保護する形で開発に関する悪影響を最小限に留めつつ、税制改正や、有害な補助金が存在する場合はその環境への影響を考慮してその段階的廃止などを通じ、各国の状況に応じて、市場のひずみを除去することで、浪費的な消費を奨励する、化石燃料に対する非効率な補助金を合理化する。

目標13 気候変動に具体的な対策を

気候変動及びその影響を軽減するための緊急対策を講じる*

ターゲット

13.1 すべての国々において、気候関連災害や自然災害に対する強靱性（レジリエンス）及び適応の能力を強化する。

13.2 気候変動対策を国別の政策、戦略及び計画に盛り込む。

13.3 気候変動の緩和、適応、影響軽減及び早期警戒に関する教育、啓発、人的能力及び制度機能を改善する。

13.a 重要な緩和行動の実施とその実施における透明性確保に関する開発途上国のニーズに対応するため、2020年までにあらゆる供給源から年間1,000億ドルを共同で動員するという、UNFCCCの先進締約国によるコミットメントを実施するとともに、可能な限り速やかに資本を投入して緑の気候基金を本格始動させる。

13.b 後発開発途上国及び小島嶼開発途上国において、女性や青年、地方及び社会的に疎外されたコミュニティに焦点を当てることを含め、気候変動関連の効果的な計画策定と管理のための能力を向上するメカニズムを推進する。

*国連気候変動枠組条約（UNFCCC）が、気候変動への世界的対応について交渉を行う基本的な国際的、政府間対話の場であると認識している。

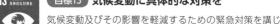

目標14 海の豊かさを守ろう

持続可能な開発のために海洋・海洋資源を保全し、持続可能な形で利用する

ターゲット

14.1 2025年までに、海洋ごみや富栄養化を含む、特に陸上活動による汚染など、あらゆる種類の海洋汚染を防止し、大幅に削減する。

14.2 2020年までに、海洋及び沿岸の生態系に関する重大な悪影響を回避するため、強靱性（レジリエンス）の強化などによる持続的な管理と保護を行い、健全で生産的な海洋を実現するため、海洋及び沿岸の生態系の回復のための取組を行う。

14.3 あらゆるレベルでの科学的協力の促進などを通じて、海洋酸性化の影響を最小限化し、対処する。

14.4 水産資源を、実現可能な最短期間で少なくとも各資源の生物学的特性によって定められる最大持続生産量のレベルまで回復させるため、2020年までに、漁獲を効果的に規制し、過剰漁業や違法・無報告・無規制（IUU）漁業及び破壊的な漁業慣行を終了し、科学的な管理計画を実施する。

14.5 2020年までに、国内法及び国際法に則り、最大限入手可能な科学情報に基づいて、少なくとも沿岸域及び海域の10パーセントを保全する。

14.6 開発途上国及び後発開発途上国に対する適切かつ効果的な、特別かつ異なる待遇が、世界貿易機関（WTO）漁業補助金交渉の不可分の要素であるべきことを認識した上で、2020年までに、過剰漁獲能力や過剰漁獲につながる漁業補助金を禁止し、違法・無報告・無規制（IUU）漁業につながる補助金を撤廃し、同様の新たな補助金の導入を抑制する。**

14.7 2030年までに、漁業、水産養殖及び観光の持続可能な管理などを通じ、小島嶼開発途上国及び後発開発途上国の海洋資源の持続的な利用による経済的便益を増大させる。

14.a 海洋の健全性の改善と、開発途上国、特に小島嶼開発途上国および後発開発途上国の開発における海洋生物多様性の寄与向上のために、海洋技術の移転に関するユネスコ政府間海洋学委員会の基準・ガイドラインを勘案しつつ、科学的知識の増進、研究能力の向上、及び海洋技術の移転を行う。

14.b 小規模・沿岸零細漁業者に対し、海洋資源及び市場へのアクセスを提供する。

14.c 「我々の求める未来」のパラ158において想起されるとおり、海洋及び海洋資源の保全及び持続可能な利用のための法的枠組みを規定する海洋法に関する国際連合条約（UNCLOS）に反映されている国際法を実施することにより、海洋及び海洋資源の保全及び持続可能な利用を強化する。

**現在進行中の世界貿易機関（WTO）交渉およびWTOドーハ開発アジェンダ、ならびに香港閣僚宣言のマンデートを考慮。

目標15 陸の豊かさも守ろう

陸域生態系の保護、回復、持続可能な利用の推進、持続可能な森林の経営、砂漠化への対処、ならびに土地の劣化の阻止・回復及び生物多様性の損失を阻止する

ターゲット

15.1 2020年までに、国際協定の下での義務に則って、森林、湿地、山地及び乾燥地をはじめとする陸域生態系と内陸淡水生態系及びそれらのサービスの保全、回復及び持続可能な利用を確保する。

15.2 2020年までに、あらゆる種類の森林の持続可能な経営の実施を促進し、森林減少を阻止し、劣化した森林を回復し、世界全体で新規植林及び再植林を大幅に増加させる。

15.3 2030年までに、砂漠化に対処し、砂漠化、干ばつ及び洪水の影響を受けた土地などの劣化した土地と土壌を回復し、土地劣化に荷担しない世界の達成に尽力する。

15.4 2030年までに持続可能な開発に不可欠な便益をもたらす山地生態系の能力を強化するため、生物多様性を含む山地生態系の保全を確実に行う。

15.5 自然生息地の劣化を抑制し、生物多様性の損失を阻止し、2020年までに絶滅危惧種を保護し、また絶滅防止するための緊急かつ意味のある対策を講じる。

15.6 国際合意に基づき、遺伝資源の利用から生ずる利益の公正かつ衡平な配分を推進するとともに、遺伝資源への適切なアクセスを推進する。

15.7 保護の対象となっている動植物種の密猟及び違法取引を撲滅するための緊急対策を講じるとともに、違法な野生生物製品の需要と供給の両面に対処する。

15.8 2020年までに、外来種の侵入を防止するとともに、これらの種による陸域・海洋生態系への影響を大幅に減少させるための対策を導入し、さらに優先種の駆除または根絶を行う。

15.9 2020年までに、生態系と生物多様性の価値を、国や地方の計画策定、開発プロセス及び貧困削減のための戦略及び会計に組み込む。

15.a 生物多様性と生態系の保全と持続的な利用のために、あらゆる資金源からの資金の動員及び大幅な増額を行う。

15.b 保全や再植林を含む持続可能な森林経営を推進するため、あらゆるレベルのあらゆる供給源から、持続可能な森林経営のための資金の調達と開発途上国への十分なインセンティブ付与のための相当量の資源を動員する。

15.c 持続的な生計機会を追求するために地域コミュニティの能力向上を図る等、保護種の密猟及び違法な取引に対処するための努力に対する世界的な支援を強化する。

目標16 平和と公正をすべての人に

持続可能な開発のための平和で包摂的な社会を促進し、すべての人々に司法へのアクセスを提供し、あらゆるレベルにおいて効果的で説明責任のある包摂的な制度を構築する

ターゲット

16.1 あらゆる場所において、すべての形態の暴力及び暴力に関連する死亡率を大幅に減少させる。

16.2 子どもに対する虐待、搾取、取引及びあらゆる形態の暴力及び拷問を撲滅する。

16.3 国家及び国際的なレベルでの法の支配を促進し、すべての人々に司法への平等なアクセスを提供する。

16.4 2030年までに、違法な資金及び武器の取引を大幅に減少させ、奪われた財産の回復及び返還を強化し、あらゆる形態の組織犯罪を根絶する。

16.5 あらゆる形態の汚職や贈賄を大幅に減少させる。

16.6 あらゆるレベルにおいて、有効で説明責任のある透明性の高い公共機関を発展させる。

16.7 あらゆるレベルにおいて、対応的、包摂的、参加型及び代表的な意思決定を確保する。

16.8 グローバル・ガバナンス機関への開発途上国の参加を拡大・強化する。

16.9 2030年までに、すべての人々に出生登録を含む法的な身分証明を提供する。

16.10 国内法規及び国際協定に従い、情報への公共アクセスを確保し、基本的自由を保障する。

16.a 特に開発途上国において、暴力の防止とテロリズム・犯罪の撲滅に関するあらゆるレベルでの能力構築のため、国際協力などを通じて関連国家機関を強化する。

16.b 持続可能な開発のための非差別的な法規および政策を推進し、実施する。

目標17 パートナーシップで目標を達成しよう

持続可能な開発のための実施手段を強化し、グローバル・パートナーシップを活性化する

ターゲット

17.1 課税及び徴税能力の向上のため、開発途上国への国際的な支援なども通じて、国内資源の動員を強化する。

17.2 先進国は、開発途上国に対するODAをGNI比0.7%に、後発開発途上国に対するODAをGNI比0.15～0.20%にするという目標を達成するとの多くの国によるコミットメントを含むODAに係るコミットメントを完全に実施する。ODA供与国が、少なくともGNI比0.20%のODAを後発開発途上国に供与するという目標の設定を検討することを奨励する。

17.3 複数の財源から、開発途上国のための追加的資金源を動員する。

17.4 必要に応じた負債による資金調達、債務救済及び債務再編の促進を目的とした協調的な政策により、開発途上国の長期的な債務の持続可能性の実現を支援し、重債務貧困国（HIPC）の対外債務への対応により債務リスクを軽減する。

17.5 後発開発途上国のための投資促進枠組みを導入及び実施する。

17.6 科学技術イノベーション（STI）及びこれらへのアクセスに関する南北協力、南南協力及び地域的・国際的な三角協力を向上させる。また、国連レベルをはじめとする既存のメカニズム間の調整改善や、全世界的な技術促進メカニズムなどを通じて、相互に合意した条件において知識共有を進める。

17.7 開発途上国に対し、譲許的・特恵的条件などの相互に合意した有利な条件の下で、環境に配慮した技術の開発、移転、普及及び拡散を促進する。

17.8 2017年までに、後発開発途上国のための技術バンク及び科学技術イノベーション能力構築メカニズムを完全運用させ、情報通信技術（ICT）をはじめとする実現技術の利用を強化する。

17.9 すべての持続可能な開発目標を実施するための国家計画を支援するべく、南北協力、南南協力及び三角協力などを通じて、開発途上国における効果的かつ的をしぼった能力構築の実施に対する国際的な支援を強化する。

17.10 ドーハ・ラウンド（DDA）交渉の結果を含めたWTOの下での普遍的でルールに基づいた、差別的でない、公平な多角的貿易体制を促進する。

17.11 開発途上国による輸出を大幅に増加させ、特に2020年までに世界の輸出に占める後発開発途上国のシェアを倍増させる。

17.12 後発開発途上国からの輸入に対する特恵的な原産地規則が透明で簡略的かつ市場アクセスの円滑化に寄与するものとなるようにすることを含む世界貿易機関（WTO）の決定に矛盾しない形で、すべての後発開発途上国に対し、永続的な無税・無枠の市場アクセスを適時実施する。

17.13 政策協調や政策の首尾一貫性などを通じて、世界的なマクロ経済の安定を促進する。

17.14 持続可能な開発のための政策の一貫性を強化する。

17.15 貧困撲滅と持続可能な開発のための政策の確立・実施にあたっては、各国の政策空間及びリーダーシップを尊重する。

17.16 すべての国々、特に開発途上国での持続可能な開発目標の達成を支援すべく、知識、専門的知見、技術及び資金源を動員、共有するマルチステークホルダー・パートナーシップによって補完しつつ、持続可能な開発のためのグローバル・パートナーシップを強化する。

17.17 さまざまなパートナーシップの経験や資源戦略を基にした、効果的な公的、官民、市民社会のパートナーシップを奨励・推進する。

17.18 2020年までに、後発開発途上国及び小島嶼開発途上国を含む開発途上国に対する能力構築支援を強化し、所得、性別、年齢、人種、民族、居住資格、障害、地理的位置及びその他各国事情に関連する特性別の質が高く、タイムリーかつ信頼性のある非集計型データの入手可能性を向上させる。

17.19 2030年までに、持続可能な開発の進捗状況を測るGDP以外の尺度を開発する既存の取組を更に前進させ、開発途上国における統計に関する能力構築を支援する

青春新書
INTELLIGENCE
こころ涌き立つ「知」の冒険

いまを生きる

"青春新書"は昭和三一年に——若い日に常にあなたの心の友として、その糧となり実になる多様な知恵が、生きる指標として勇気と力になり、すぐに役立つ——をモットーに創刊された。

そして昭和三八年、新しい時代の気運の中で、新書"プレイブックス"にその役目のバトンを渡した。「人生を自由自在に活動する《プレイ》」のキャッチコピーのもと——すべてのうっ積を吹きとばし、自由闊達な活動力を培養し、勇気と自信を生み出す最も楽しいシリーズ——となった。

いまや、私たちはバブル経済崩壊後の混沌とした価値観のただ中にいる。その価値観は常に未曾有の変貌を見せ、社会は少子高齢化し、地球規模の環境問題等は解決の兆しを見せない。私たちはあらゆる不安と懐疑に対峙している。

本シリーズ"青春新書インテリジェンス"はまさに、この時代の欲求によってプレイブックスから分化・刊行された。それは即ち、「心の中に自らの青春の輝きを失わない旺盛な知力、活力への欲求」に他ならない。応えるべきキャッチコピーは「こころ涌き立つ"知"の冒険」である。

予測のつかない時代にあって、一人ひとりの足元を照らし出すシリーズでありたいと願う。青春出版社は本年創業五〇周年を迎えた。これはひとえに長年に亘る多くの読者の熱いご支持の賜物である。社員一同深く感謝し、より一層世の中に希望と勇気の明るい光を放つ書籍を出版すべく、鋭意志すものである。

平成一七年　　刊行者　小澤源太郎

著者紹介

次原悦子〈つぎはら　えつこ〉

1985年、17歳でPR会社サニーサイドアップを設立。中田英寿などのトップアスリートを世に送り出したほか、「ホワイトバンドプロジェクト」を始めとするさまざまなソーシャルアクションを手がける。2021年6月に経団連ダイバーシティ推進委員会の委員長に就任。二児の母。現在独身。

株式会社サニーサイドアップグループ
〈SUNNY SIDE UP GROUP, INC.〉

「たのしいさわぎをおこしたい」をスローガンにさまざまな企業・団体のPRを手がけ、2008年株式上場、2018年東証一部上場。近年ではPRを軸に多岐にわたる事業を展開するほか、「ソーシャルグッド推進室」を立ち上げ、PRのノウハウを生かした社会課題解決にも取り組んでいる。

2030年《ねん》を生《い》き抜《ぬ》く会社《かいしゃ》のSDGs《えすでぃーじーず》　青春新書 INTELLIGENCE

2021年7月15日　第1刷

著　者　次《つぎ》原《はら》　悦《えつ》子《こ》
サニーサイドアップグループ

発行者　小澤源太郎

責任編集　株式会社プライム涌光
電話　編集部　03(3203)2850

発行所　東京都新宿区若松町12番1号 〒162-0056　株式会社青春出版社
電話　営業部　03(3207)1916　振替番号　00190-7-98602

印刷・中央精版印刷　製本・ナショナル製本

ISBN978-4-413-04624-4